한국과 _____ 일본,

역사 화해는
가능한가

한국과 _____ 일본,
역사 화해는 가능한가

박홍규 · 조진구 편저

연암서가

편저자

박홍규

고려대학교 정치외교학과를 졸업하고, 일본 도쿄대학 대학원 법학정치학연구과에서 법학박사(정치사상 전공) 학위를 받았다. 현재 고려대학교 정치외교학과 교수로 재직하고 있다. 한국 및 동양 정치사상을 전공하였으며, 저서로는 『山崎闇齋の政治理念』, 『삼봉 정도전-생애와 사상』이 있고, 번역서로는 『일본 정치사상사-17~19세기』, 『주자학과 근세일본사회』, 『마루야마 마사오-리버럴리스트의 초상』 등이 있다.

조진구

고려대학교 사회학과를 졸업하고, 일본 도쿄대학 대학원 법학정치학연구과에서 법학박사(국제정치전공) 학위를 받았다. 고려대학교 평화연구소 연구조교수, 민주평화통화통일자문회의 사무처 정책연구위원을 거쳐 현재 고려대학교 글로벌일본연구원 연구교수로 있다. 주요 논문으로는 "동아시아에서의 중일간의 새로운 파워 게임", "한미동맹과 미일동맹에 있어서의 '사전협의'의 의미와 실제" 등이 있고, 역서로는 『20세기의 전쟁과 평화』(공역), 『한일 경제협력자금 100억 달러의 비밀』(공역), 『일본 최악의 시나리오-9개의 사각지대』 등이 있다.

한국과 일본, 역사 화해는 가능한가

2017년 7월 25일 초판 1쇄 인쇄
2017년 7월 30일 초판 1쇄 발행

편저자 | 박홍규·조진구
펴낸이 | 권오상
펴낸곳 | 연암서가
등 록 | 2007년 10월 8일(제396-2007-00107호)
주 소 | 경기도 고양시 일산서구 호수로 896, 402-1101
전 화 | 031-907-3010
팩 스 | 031-912-3012
이메일 | yeonamseoga@naver.com
ISBN 979-11-6087-010-7 93910

값 15,000원

서문

한일 역사 화해를 향하여

박홍규

1945년 일본의 패전과 한국의 해방으로 새롭게 시작된 한일 관계는 순조롭게 전개되지 못했다. 세계적인 냉전 구도가 동아시아에도 어두운 그림자를 드리워 동서 양 진영이 첨예하게 대립하게 되었다. 한국과 일본은 미국을 맹주로 하는 서방진영에 가담하고 있었다. 맹주인 미국은 한국과 일본 사이에 비정상적인 관계가 지속되는 것을 바라지 않았으며, 관계 정상화를 촉구하는 미국의 압력은 점차 커져 갔다. 때마침 한국의 박정희 정부는 경제개발을 강력하게 추진했지만 이를 위해서는 재원이 절실히 필요했다. 지난한 교섭 과정을 거쳐 1965년 한일 국교정상화가 이루어졌으며, 경재를 위한 일본 자금이 한국으로 들어왔다.

군사정변을 통해 집권했던 박정희 정부로서는 정치적 정당성의 약점을 극복해야 했으며, 이를 위해서는 경제개발을 통해 국민 생활을 실질적으로 향상시켜야만 했다. 이것은 대일 교섭에서 한국의 협상력을 약화시키는 요인으로 작용했으며, 식민지시기에 발생한 '불법적'이고 '부정의'하고 '비인도적'인 문제들의 해결을 미뤄둔 채 한일 간의 국교가 정상화되었다.

국교 정상화 이후 일본은 세계 제2의 경제대국으로 성장해갔다. 한국 또한 경제개발을 통한 산업화를 이룩하였고, 1980년대 후반에는 정치적 민주화를 성취하였다. 1980년대 말부터 1990년대 초반에 걸쳐 세계적인 차원의 냉전이 종식되었지만, 남북한 간의 대치는 소멸되지 못했다. 다만 동아시아에도 탈냉전의 기류가 나타나 극한의 진영 대립과 반목·갈등으로부터 벗어나 과거 화해와 미래 번영을 위한 희미한 움직임이 있기도 했다.

이러한 세계적인 조류를 타고 1993년 8월 일본의 고노 관방장관은 담화를 발표하여 일본군 '위안부' 문제에 대해 사죄와 반성을 표명하였다. 이어 1995년 무라야마 총리는 일본이 "식민지 지배와 침략으로 많은 나라들 특히 아시아 제국의 여러분들에게 다대한 손해와 고통을 주었던" 역사적 사실을 겸허하게 받아들이고 '통절한 반성'과 '진심어린 사죄'의 뜻을 표명했다. 나아가 1998년 김대중 대통령과 오부치 총리는 국교정상화 이후 변화된 국제환경 속에서 양국의 새로운 관계를 설정하는 "21세기 새로운 한·일 파트너십을 위한 공동선언"을 발표하였다. 이에 따라 액션플랜이 만들어졌고 양국의 새로운 미래를 지향하는 다양한 사업이 시행되었다.

그러나 그 이후 한일 관계는 과거 역사 문제를 둘러싼 양국 간의 인식 차이가 좁혀지지 않으면서 냉각과 해빙을 반복했다. 더구나 일본 사회에서 보수화·우경화가 진행되면서 한일 간에 존재하는 영토 문제, 야스쿠니신사 참배 문제, 교과서 문제, 일본군 '위안부' 문제 등이 끊임없이 현안으로 떠올랐다. 특히, 최근 수년 간 일본군 '위안부' 문제는 양국 관계를 악화시킨 최대 요인이었다. 파국을 피하려는 양국 정상의 의지가 작용하여 2015년 12월말 양국 외교장관 회담에서 합의가 이루어졌지만, 이 합의는 양국 간 혹은 양국 내에서 또 다른 문제를 남긴 채 합의 실행 과정에서 파행을 노정하고 말았다.

　고려대학교 글로벌일본연구원에서는 좀처럼 실마리를 풀지 못하는 한일 과거사 문제를 포괄적으로 다뤄 보고자 하는 기획을 세우고 2016년 2월 '화해연구팀'을 발족하였다. 팀장을 맡으면서 필자는 연구원 내 각 센터 소속 연구원을 기축으로 하면서 외부에서 전문가들을 새로 충원하였다. 한일 양국에서 과거사 문제 관련소송에 관여해 온 변호사를 비롯하여 이 문제에 관심을 갖고 있는 법학, 국제정치학, 역사학 분야의 전문가와 독일 역사 연구자 등이 화해연구팀에 합류하였다.

　진용이 갖춰지자 화해연구팀은 내부 세미나를 열면서 국내외 전문가를 초청하여 워크숍을 진행하였다. 1965년 한일 국교정상화 당시 명확하게 처리하지 않은 '청구권' 문제를 둘러싼 소송, 국제정치 분야에서 축적된 화해이론, 조선인 강제동원 및 권리 찾기, 한일 청구권협정과 남긴 문제, 일본군 '위안부' 문제, 사할린 한인 문제, 원폭 피해자 문제, 재일한국인 문제, 일본에서 전개된 전후 보상 재판 등 다양한 내용이 다뤄졌다. 이외에도 일본의 전후 처리 문제를 생각하는 단서를 찾고자 일본의 저명한 독일 역사 전문가를 초청하여 전후 독일에서 어떻게 전쟁책임이 단죄되었는가에 대해서도 고민해 봤다.

한편 화해연구팀은 역사 화해 문제와 관련이 깊은 일본과 독일의 관련 시설을 두 차례 방문하였다. 2016년 4월 오사카 국제평화센터와 리쓰메이칸대학 국제평화뮤지엄을 방문했으며, 히로시마 평화기념 공원에서는 재일한국인 피폭자 할머니의 생생한 증언을 직접 들었다. 평화기념 공원 내 외진 구석에 있는 한국인원폭희생자위령비를 찾아갔으며 평화기념자료관을 방문하였다. 7월에는 독일의 게오르그 에커트 국제교과서연구소와 작센하우젠 수용소박물관을 방문하였다. 현지 방문에서 진행된 간담회와 워크숍을 통해 역사 화해의 어려움과 함께 소중함도 실감할 수 있었다.

이 책은 지난 1년간 글로벌일본연구원 화해연구팀이 진행해 온 연구와 사업의 성과 중 일부이다. 한일 간의 역사 화해 문제를 다루는 책 발간을 구상하면서 두 가지 방침을 정했다. 하나는 역사 문제와 관련한 주요한 사항을 균형 있게 다룬다는 것이다. 연구팀에서 진행한 워크숍에서 다룬 내용들을 체계적으로 정리하고, 추가적으로 필요한 내용은 관련 전문가에게 집필을 의뢰하기로 했다. 다른 하나는 가능한 한 평이하게 서술함으로써 고등학생이나 대학생, 나아가 일반 시민들이 복잡한 한일 간의 역사 문제를 쉽게 이해할 수 있도록 한다는 것이다.

지난 1년간 화해 연구를 진행해 오면서 필자는 물론 다양한 전공의 다른 연구자들도 많은 것을 배우고 생각하게 되었을 것이다. 그 중에서 세 가지를 언급해두고자 한다.

　첫째, '성찰'적 시각의 필요성이다. 한일 간에 대립하는 쟁점에 대한 연구와 주장을 할 때 보통 자기중심적으로 하게 된다. 자기 쪽에 존재하는 문제에는 눈을 감거나 비호하면서 상대 쪽만을 응시하고 공략해서는 상호 간에 존재하는 차이를 좁히기 어렵다. 대립이 발생하게 된 원인과 과정을 성찰적으로 살펴볼 필요가 있다. 나에게는 어떤 문제가 있는가, 왜 상대는 나에게는 그런 식으로밖에 대할 수 없는가, 즉 그들의 한계점과 동시에 나의 문제점을 균형 있게 바라볼 수 있는 시각이 요구된다.

　둘째, '과정'으로서의 화해이다. 지금까지 한일 역사 화해는 '사죄→용서→화해'의 프로세스로 이해되고, 이런 틀에서 행동이 이루어져 왔다. 이 틀에서 화해는 최종 결과로서 상정되어 있다. 이러한 화해는 가해자의 사죄와 피해자의 용서가 선행되지 않으면 결코 도달할 수 없다. 현재 한일 간의 역사 문제를 둘러싼 교착 상태는 바로 이 틀로는 한일 역사 화해를 이룰 수 없다는 점을 보여주고 있다고 생각한다. 필자는 화해가 최종 결과가 아니라 한 순간 한 순간, 한 단계 한 단계 진행되는 과정으로 보고 싶다. 그리고 어쩌면 그 과정은 끝이 없을지도 모른다. 역사적 사실 확인을 위한 공동의 노력, 확인된 사실에 기반을 둔 과거의 기억과 추모, 그리고 미래를 향한 협력과 교류, 이러한 끝없는 과정 그 자체가 바로 화해라고 필자는 생각한다.

셋째, '일반 시민'과의 공유이다. 역사 문제의 장에서 주로 발언하는 사람들은 한국의 피해 당사자와 피해자를 지원하는 시민단체, 일본의 양심적 지식인과 극우 세력, 그리고 양국의 정부 당국자이다. 이들이 주도하는 담론의 장에서 일반 시민은 자신의 목소리를 내기 어렵다. 어떤 경우 발언해서는 안 되는 일종의 터부조차 있다. 국지화된 담론의 장이 역사 화해를 지체시키는 작용을 하고 있을지도 모른다. 역사 화해를 촉진시키기 위해서는 열린 담론의 장이 필요하고 그러기 위해서는 역사 문제를 일반 시민과 공유하는 것이 요구된다.

2017년 5월 한국에서 정권교체가 있었다. 새 정부는 즉시 일본에 특사를 파견하였다. 경색된 한일 관계를 개선하고자 하는 의지를 명백하게 보여주었던 것이다. 관계 개선에 대한 한국의 입장에 일본도 기꺼이 호응하였다. 그리고 6월에는 한국의 국회의장이 일본을 방문하였다. 지난 특사 때보다 일본에 전달하려는 메시지가 명확해졌다. 풀기 어려운 역사 문제는 일단 유보하고 긴급한 현안인 외교, 안보, 경제 문제를 중심으로 미래를 향해 협력해가자는 것이다. 이러한 투트랙 방식은 우선은 유효한 방안일 것이다.

그러나 쉬운 문제를 풀다보면 어려운 문제도 풀릴 것이라는 안이한 희망을 가져서는 안 될 것이다. 어려운 문제는 언제든지 암초가 되어 이제 다시 항해를 모색하기 시작한 '한일관계호'를 좌초시킬 수 있다. 새로운 항해 앞에 가려져 있는 암초를 하나하나 신중하게 제거해가면서 미래를 향해 가야 할 것이다. 이 책이 미래를 향한 항해에 조그마한 밑거름이 되기를 기대한다.

　그 동안 화해연구팀의 기획에 참여하고 협조해 주신 분들께 감사를 드린다. 특히, 이 기획은 글로벌일본연구원의 서승원 원장의 깊은 관심과 배려가 있었기에 가능하였다. 감사의 뜻을 표하고자 한다. 마지막으로 바쁜 가운데서도 이 책의 집필에 참여해 주신 선생님들, 그리고 일반 시민과의 공유라는 연구팀의 뜻에 호응해 주신 연암서가에도 감사의 말씀을 드리고자 한다.

2017년 6월
고려대학교 글로벌일본연구원
화해연구팀장 박홍규

차례

1

일본의 식민지 지배, 우리에게 무엇이었는가

최종길

1. 근대, 국민 창출의 과정

　몇 년 전 한국에서 포스트콜로니얼리즘(post-colonialism)에 관한 담론이 유행한 적이 있었다. 국학자료원에서 출판한 『문학비평용어사전』은 포스트콜로니얼리즘을 "기본적으로는 제국주의 시대 이후, 독립을 한 후에도 여전히 남아 있는 제국주의의 잔재를 탐색해서 그것들의 정체를 드러내고 극복하자는 문예사조이다. 그래서 탈식민주의는 현재를 또 다른 형태의 식민지적 상황으로 파악하고, 제국주의적인 억압구조로부터의 해방의 추구, 제국이 부여한 정체성에서 벗어나는 새로운 정체성의 수립, 그리고 더 나아가 불가시적인 문화적, 경제적 제국주의에 대한 경계를 제안한다. 즉 식민주의가 주로 지리적 식민지 그 자체에 주된 관심이 있다면, 탈식민주의는 문화적 또는 정신적 식민지 상황에 더 많은 관심이 있다"고 정의한다. 이 담론에서 우선 포스트라는 용어를 '후기'로 해석할 것인지 아니면 '탈'로 해석할 것인지가 중요한 논쟁거리였다. 여기에는 과거처럼 지리적 혹은 영토적으로 제국주의 국가에 지배당하고 있는 현실 그 자체는 없어졌지만, 정치, 경제, 문화 등 여러 측면에서 여전히 제국주의 국가의 영향을 강하게 받고 있는 현실을 과거의 식민지배와 관련하여 어떻게 파악할 것인가 하는 고민이 담겨져 있다.

이러한 논의를 염두에 두고서 이 담론을 식민지 재배를 경험한 한국 사회와의 연관성 속에서 간략하게 살펴보자. 우선 한국은 영토적으로 직접 지배당하던 식민지 상황에서 벗어나 독립적인 국가로 존재한다. 그리고 한국은 정치, 경제, 문화적으로 세계의 강국에게 여전히 영향을 받고 있다고 하더라도 세계 무역 8위라는 지위에 어울리는 자신만의 독자성을 구축해야만 하는 상황에 직면해 있다. 그렇게 본다면 한국에서 포스트콜로니얼리즘의 과제는 식민지적 잔재를 털어내고 한국적 근대화 모델을 구축하는 것이라 할 수 있다.

이 담론이 유행한 것은 그리 오래되지 않았음에도 불구하고 최근에 이 담론을 지속적으로 논의하고 있는 경우를 학계에서 거의 볼 수 없다. 그렇다면 이 주제가 담론의 수준을 넘어서서 구체적인 실증 연구 혹은 인접 학문분야와의 융합연구의 수준으로 상승한 것인가. 필자의 잘못된 판단일지도 모르겠지만 지금 생각해보면 그저 한때의 유행으로 그쳐버린 느낌이 강하다. 유행으로 그쳐버린 것은 당시 포스트콜로니얼리즘 담론을 제시한 한국의 학계가 이를 통해 무엇을 자신의 연구과제로 설정하려고 한 것인지가 불분명했기 때문은 아닐까. 필자는 한국에서 식민지 관련 연구주제는 식민지가 된 한국이 어떻게 왜곡된 근대화 과정을 거칠 수밖에 없었던가를 추적하는 작업이라고 본다. 즉 필자는 구한말에 서구의 근대와 조우하여 시도한 한국의 근대화 노력이 식민지 지배 과정 속에서 좌절되고 왜곡되면서 어떠한 구체적인 특징을 형성하게된 것인지를 추적하는 작업이라고 생각한다.

인류 역사의 보편적인 발전과정이라고 통칭되는 서양의 근대화는 다양한 측면에서 설명되고 있다. 사상적으로는 이성과 합리성에 기초한 판단의 주체로서 개인이 존재하며, 정치적으로는 이러한 개인들이 서로 다른 이해관계를 조절하기 위하여 의회를 설치하여 사회와 국가를 운영하며, 경제적으로는 사적소유를 바탕으로 한 자본주의 제도를 갖춘 것이 근대라고 설명한다. 그러나 이러한 설명보다도 보다 본질적인 측면에서의 근대를 정의한다면 국민 창출을 통한 국민국가 건설이라고 할 수 있다. 앞에서 설명한 사상적, 정치적, 경제적 측면에서의 근대란 국민국가를 각각의 측면에서 운영하는 운영원리에 지나지 않는 것이라 할 수 있다. 즉 필자가 생각하는 근대의 가장 큰 특징은 국민의 창출을 통한 국민국가의 형성이다.

상식적인 것이긴 하지만 전근대 국가와 근대 국가의 명확한 차이점은 국민의 존재여부에 있다. 흔히 우리들은 드라마나 영화 등 역사를 소재로 한 다양한 작품 속에서 과거 한반도에 거주한 민중들이 국민의식을 가지고 있었던 것처럼 묘사한 장면을 자주 접한다. 특히 한반도에 존재한 전근대 국가가 적에게 침략 당한 상황 하에서 한반도에 살고 있던 민중들이 지금의 한국인이 가지고 있는 국가의식과 유사한 자의식을 가지고 적에게 저항하고 있는 모습을 묘사한 장면들을 자주 접한다. 과연 이러한 연출 장면은 사실일까. 역사가들은 이러한 장면을 근대적인 의식에 기초하여 만들어낸 장면이라고 설명한다. 즉 전근대를 살아간 민중들에게는 국민의식이 없었다고 하는 게 역사학계의 정설이다. 이러한 학계의 정설이 일반상식으로까지 확대되지는 않은 듯한 인상이 강하다. 아마도 끊임없이 재생산되는 내셔널리즘 때문일 것이라 필자는 판단한다.

서양은 근대화 과정 속에서 스스로 ○○국의 국민이라고 생각하고 그러한 가치의식을 자신의 내부에서 스스로 만들어내고 받아들이는 동질적인 국민을 창출하였다. 근대국민국가는 이들 국민과 일정한 지역을 배타적으로 지배하는 공간을 결합시키면서 만들어진 것이다. 이것이 근대화 과정에서 이루어진 그 무엇보다 중요한 구성요소이다. 따라서 구한말에서 시작된 한국의 근대화 과정을 추적한다면 한국적인 국민과 국가의 창출과정에 초점을 맞추지 않을 수 없다. 이렇게 본다면 식민지 지배를 경험한 한국의 근대화 과정은 서양과는 다른 측면이 있다는 점을 쉽게 알 수 있다. 조선*의 지배집단은 구한말 서구와 만나면서 전근대적인 국가에서 근대적인 국가로 거듭나기 위하여 다양한 형태의 노력을 시도하였다. 그러나 이러한 노력이 결실을 맺기 이전에 조선은 일본의 식민지로 전락하면서 근대적인 한

---

* 조선, 대한제국, 대한민국을 구분하여 사용함이 마땅하나 이 글에서는 모두 동일한 범주의 지역과 사람들을 지칭하는 동일한 개념으로 사용하며 문장에 따라서 적절하게 나누어 사용한다.

국인을 만들어낼 수 있는 기본적인 토대를 상실하게 되었다. 즉 한국은 근대화의 가장 중요한 국민을 창출할 수 없는 상황이 되어버렸다. 이것이 한국이 처한 식민지 지배 상황의 가장 중요한 본질이었다.

2. 식민지시기에 대한 기존의 평가

한국 사회에서 식민지시기에 대한 평가는 대체적으로 민족주의 역사학 혹은 내셔널리즘의 관점에서 논의되었다. 여전히 한국역사학계의 주류를 형성하고 있는 민족주의 역사학은 유구한 역사와 전통 속에서 지속되어 온 한민족(韓民族)의 정통성을 짓밟고 말살한 것이 일본제국주의의 식민지 지배였으며 이 시기 동안 '우리 민족'은 수많은 수탈과 탄압을 겪을 수밖에 없었다고 평가한다. 민족주의 역사학계와는 다른 시각에 선 근대주의론자들은 이와는 다른 판단을 하지만 아직은 다수 의견이라고 하기는 힘들다.

한국의 학계에서 지속되고 있는 이들 두 집단의 역사 논쟁은 식민지시기와 해방 이후 시기에 대한 평가에 집중되고 있다. 식민지시기에 대한 설명은 식민지 수탈론과 식민지 근대화론으로 대별된다. 이러한 논쟁은 식민지시기와 관련된 다양한 측면에 국한되지 않고 해방 이후의 대한민국 정부수립과 자본주의 발전, 국가 정체성의 문제나 한국적 근대화의 총체적 논점들과 관련된다. 더욱이 이러한 논쟁은 일국 내에서 다양한 사회집단들 간에 존재하는 이해관계의 대립과 갈등의 문제를 포함하고 있는 총체적이고 종합적인 성격의 것이다. 그럼에도 불구하고 여기에는 필자가 앞서 지적한 것처럼 근대의 가장 중요한 국민 창출에 관한 본질적인 논의가 빠져 있다는 느낌이 강하다.

식민지 수탈론은 일제의 식민지 지배는 일본의 자본주의적 발전을 위해 필요한 물자와 인력을 한반도에서 값싸게 착취하고 공출하여 자신들의 근대화 과정에 활용하였으며 그 결과 식민지 상황에 처한 한국은 근대화의 길을 걷지 못하였다는 것이 골자이다. 한편 식민지 근대화론은 일제의 착취를 부정하지는 않지만 일본은 자신들의 근대화를 위해서 한국을 이용하고 활용하는 과정에서 한국 내부에 근대화의 요소들을 이식하였다고 주장한다. 양쪽의 주장은 모두 일장일단이 있으며 나름대로 구체적인 사실에 기초하고 있다. 식민지 지배에 대한 평가를 둘러싸고 일어난 이러한 역사논쟁은 한국사 교과서 국정화 문제로 확장되었다. 한국사 국정교과서의 사소한 오류를 논외로 한다면, 한국사 국정교과서 논쟁의 중심은 역시 식민지시기, 해방 직후, 독재정권하에서 실시된 국가주도의 산업화에 대한 평가문제로 요약할 수 있다.

1950년 한국전쟁을 계기로 한 냉전시기를 고려한다면, 한국 사회에서 보수와 진보집단 사이에서 발생한 사회적 대립구도가 표출되기 시작한 것은 70년대 말에 발생한 국내정치의 변동기부터라고 할 수 있다. 이러한 사례를 잘 보여주는 것이『해방 전후사의 인식』과『해방 전후사의 재인식』의 출간이다. 1979년에 출판된『해방 전후사의 인식』은 이후 동일한 제목으로 제6권까지 출판되었다. 이 책은 기존의 역사는 상층 지배집단의 가치의식을 중심으로 서술되고 있다고 비판하면서 피지배집단인 민중을 중심으로 역사를 서술하고 있다. 따라서 이 책의 키워드는 친일비판, 식민지 수탈론, 민족주의, 분배 중심주의, 민중주체 등이라고 할 수 있다.

그러나 이 책이 출간된 지 30여 년이 지나면서 한국 사회는 여러 분야에서 급격하고 다양한 변동을 겪었으며 그 결과 이 책에 대한 문제제기가 이루어졌다. 즉『인식』이 표방하는 역사인식과 다른 가치관을 지닌 일군의 연구자들에 의하여 2006년에 이 책에 대한 전면적인 비판을 전개한『해방 전후사의 재인식』이 출간되었다.『재인식』은 그간 학계에 축적된 해방 전후사의 연구 성과를 바탕으로『인식』으로 대표되는 '민족 지상주의와 민중혁명 필연론이 우리 역사 해석에 끼친 폐해'를 우려 하면서 좌편향적인 역사서술을 바로잡고 보다 다각적이고 실증적으로 한국 근현대사를 논하고자 한다는 취지를 밝혔다. 이러한 이유로『재인식』의 출판을 주도한 주요 저자들은 한국 사회에서 식민지 근대화론을 대변하는 인사로 평가받고 있다. 따라서 이 책의 중심 키워드는 식민지 근대화론, 성장 중심주의, 자유민주주의, 미국의 역할 강조 등이라고 할 수 있다.

이 두 집단의 가치의식과 역사인식은 한국이 경험한 식민지시기를 평가하는 중요한 두 가지 척도를 이루고 있으며 정치, 경제, 사회, 문화 등 사회의 거의 전 분야에서 다양한 논의를 확대 재생산하고 있다. 그러나 필자가 보기에 식민지시기를 논함에 있어 얼마나 많은 한국인들이 수탈당하고 억압당한 것인지, 아니면 의도된 것은 아니지만 한국에 근대적인 시설과 제도가 얼마나 이식되었으며 이것이 해방 이후 어떠한 기능과 역할을 한 것인지에 대한 논쟁은 본질적인 것은 아니다. 일본의 식민지로 전락하면서 한국은 한국 나름대로의 국민 창출과정과 국민국가 건설과정의 길이 원천적으로 차단당한 점이 본질이다. 즉 근대화 과정에서 식민지를 겪은 한국은 국민을 만들지 못한 채로 타의적인 근대화의 길로 이행하면서 역사의 핵심이 빠져버린 왜곡이 시작되었다는 점이 본질이다.

3. 식민지화와 민족의 탄생

근대화의 과정 즉 국민의 창출을 통한 국민국가 건설 과정에서 무엇보다 중요한 정책은 동질적인 국민의 창출, 국민으로서의 자의식을 가지게 하는 교육, 특정지역을 배타적으로 지배하는 권력형성이다. 이를 위해서는 우선 봉건적인 신분해방을 통해 법적으로 평등한 권리와 의무를 가지는 국민을 창출하고, 이들을 지속적으로 교육하여 스스로 내면에서부터 국민임을 자랑스럽게 생각하도록 하는 국민교육을 실시하여야 하며, 이러한 국민의식을 가진 개개인을 국가 독립을 위해 필수적인 군사력으로 결합하는 것이다. 이러한 요소들이 완성되었을 때 비로소 동질적인 국민의식을 가진 인간집단과 배타적으로 지배하는 특정지역을 중앙집권화된 행정체계 속에서 직접통치

할 수 있는 근대국민국가 체제를 구축할 수 있다.

구한말 한국에서도 동학농민전쟁을 통해 차별과 억압에 신음하고 있던 민중들은 신분제 철폐를 통한 평등한 세상을 요구하였다. 이러한 민중들의 요구는 이후 1894년 갑오개혁으로 일부 결실을 맺게 된다. 즉 조선의 지도층은 조선사회의 폐단으로 지목되어 왔던 신분제도의 철폐, 법제의 정비, 군사조직의 개편 등 홍범 14조로 대표되는 개혁을 단행하였다. 특히 신분제도의 철폐는 지배집단의 의도적인 정책이든 아니든 관계없이 전통사회의 피지배집단을 근대국가의 국민으로 탈바꿈시키기 위한 중요한 계기가 되었다. 그리고 갑오개혁의 일환으로 1895년에 발표된 교육입국조서는 "너희들 신민은 충군(忠君)하고 위국(爲國)하는 마음으로 너희의 덕(德)과 몸과 지(知)를 기를지어다. 왕실의 안전이 너희들 신민의 교육에 있고, 또 국가의 부강도 너희들 신민의 교육에 있다"고 하여 여전히 전통적인 유교적 왕도사상에 입각해 있지만 국민을 만들기 위한 노력이 시작되었음을 보여주고 있다. 그러나 조선의 근대화, 즉 국민 만들기는 오래 지속되지 못했다.

탁석산은 그의 책『한국의 민족주의를 말한다』에서 다음과 같이 논한다. 한국이 직면한 근대화의 분기점은 구한말에서 1905년까지의 시기와 1905년부터 한일합방이 완료되는 1910년까지의 두 시기였다고 한다. 첫 번째 시기에는 전근대적인 국가를 근대적인 국가로 변경하는 것이 지배집단의 일차적인 과제였다. 물론 탁석산은 지배집단이 이 과제를 완성하기 위하여 근대적 의미의 국민을 창출해야만 한다는 의식이 있었는지 없었는지에 대해서 언급하지는 않고 있다. 그러나 위의 교육입국조서를 본다면 당시의 지배층은 근대적 의미의 국민을 창출하여야 한다는 필요성을 인식하고 있었다고 볼 수 있다. 즉 이 시기 국가적 과제는 국민 창출을 통한 국민국가 건설이었다고 할 수 있다. 이러한 상황은 구체적인 정책에도 반영되어 나타났다. 먼저 자주적인 독립국가가 되기 위하여 그동안 중국과 조공·책봉 관계에 묶여 조선이 중국의 속국인 양 취급되고 있던 상황을 타파할 필요가 있었다. 이를 위해 조선은 왕을 황제로 칭하고, 1897년에 국호를 대한으로 바꾸는 등의 정책을 추진하였다. 무엇보다 민중들에게 상징적인 정책은 청나라에서 독립한다는 의도에서 청나라 사신을 맞이하던 영홍문을 허물고 그 자리에 독립문을 세운 것이다. 따라서 이시기에 국가와는 별개의 개념인 민족이란 용어가 국가건설 과정에서 거의 등장하지 않는 것은 자연스러운 일이었다.

그러나 1905년 러일전쟁에서 일본이 승리하면서 상황은 일변한다. 러일전쟁의 결과 일본은 한반도를 실질적으로 지배하게 되면서 통감부를 설치하여 조선의 내정을 장악하였다. 나아가 일본은 1910년에 조선을 완전한 식민지로 삼으면서 총독부를 설치하고 일본의 천황이 직접 임명한 총독을 보내 자신들의 행정구역의 일부로 조선을 통치하기 시작하였다. 조선의 지배자들은 더 이상 근대국가 건설을 추진할 수 없게 되었으며 조선의 민중들을 국민으로 만들 수도 없게 되었다. 탁석산은 국민 창출을 통한 국민국가 건설의 목표가 사라진 자리에 국가를 대신하여 민족이 등장하였다고 한다. 그는 이러한 상황을 "국가에서 민족으로 담론의 중심이 넘어가고 있었으므로 국가와 민족이 공존하긴 했지만 서서히 중심은 민족으로 기울고 있었"던 시기라고 설명한다. 이제 근대의 중핵인 국민과 국가가 사라지고 민족이 이를 대신하는 역할을 맡게 되었다. 식민지시기를 거치면서 국가가 없는 텅 빈 공간에 민족이 자리를 잡았다. 탁석산의 분석에 의하면 "목숨을 보존해야 할 종묘사직도 없어지고 있었으며 근대적 자주국가 건설이라는 희망도 사라진 시기에 감성적이면서도 본능적인 흡인력을 지닌 민족이란 단어"가 1905년 이후 각종 신문의 핵심어가 되었다. 한국 민족주의의 상징적인 존재인 신채호는 1909년 5월 28일자 『대한매일신보』에 제국주의에 저항할 방법은 민족주의라고 강조하면서 "한국동포들은 민족주의를 크게 분발하여 우리 민족의 나라는 우리가 주장한다는 말을 뇌리에 새기며 우리 민족이 아닌 자들은 반드시 우리를 해롭게 한다는 귀결로 몸을 지키는 부적을 삼아 민족을 보존"하라고 역설하였다. 식민지 지배를 겪고 있는 동안 한국인들은 민족을 통해 투쟁의식을 고취하고 서로의 갈등을 봉합하고 있었다.

식민지화된 조선에서도 다양한 형태의 근대적 국민/국가 만들기가 실시되었다. 그러나 이때의 국민/국가 만들기는 일본의 국민이었으며, 일본이란 국가였지 결코 한국인/한국이 될 수는 없었다. 특히 1930년대 이후 전쟁이 심화되면서 강화된 국민/국가 만들기는 더 명확하고 분명한 일본인/일본 만들기였다. 여기서 한국의 근대화는 좌절되고 왜곡된 형태로 전개될 수밖에 없었다.

4. 지속되는 민족과 가해의식의 소멸

여기서 민족, 국가, 국민에 대하여 간단하게 정리해 두고 논의를 전개하자. 민족, 국가, 국민 이 3가지 개념은 구체적인 현실 속에서 서로 공통되는 부분을 가지는 것도 사실이나 각각은 다른 개념이다. 여러 사전에서 정의하는 민족의 공통적인 내용은 혈연, 생활, 문화, 가치, 언어를 공유하면서 역사적으로 형성된 인간집단이라고 정의한다. 반면에 국가는 일정한 영토와 사람들로 구성되고 주권에 의한 통치조직을 가진 사회집단이라고 정의한다. 전자는 생활공동체란 의미가 후자는 정치공동체란 의미가 강하다. 하나의 민족이 하나의 국가를 구성하여 국민과 민족의 범주가 매우 유사한 경우도 있으나 국민은 국가를 구성하는 사람이지 민족을 구성하는 사람을 지칭하지는 않는다. 그리고 이 세 가지 개념은 근대에 만들어진 것이라는 공통점을 갖는다.

식민지 조선에서 국가와 국민이 사라지고 이 자리를 민족이 대체한 상황에서 세계적으로 민족국가 건설이란 이상이 제시되었다. 제1차 세계대전 이후의 전후 처리과정에서 미국 대통령 윌슨이 제창한 14개조의 평화 원칙 속에 포함된 민족자결주의가 그것이다. 14개 조항에 포함된 민족자결주의 원칙(Principle of National Self-determination)은 한 민족이 다른 민족이나 국가의 간섭을 받지 않고 자신의 정치적 운명을 스스로 결정하는 권리를 실현하려는 사상이다. 그러나 민족자결주의와 관련된 대부분의 조항은 실제로는 발칸반도 및 동유럽의 패전국 영토에 귀속되어 있던 소수민족들을 대상으로 하는 것이었다. 따라서 이는 전 세계의 약소민족에 대한 자결원칙 적용을 의미하지는 않았다. 이것은 제1차 세계대전의 배경이기도 한 범슬라브주의와 범게르만주의의 대립을 해소하기 위하여 오스트리아-헝가리 제국과 오스만투르크 제국의 광대한 영토를 민족에 따라 여러 국가로 분리하여 제국주의 국가에 잠재적인 적대세력을 무력화하고자 하는 의도가 담긴 것이었다. 따라서 민족자결주의의 정신은 식민지 조선과는 전혀 관계가 없는 것이었다. 그럼에도 불구하고 식민지 조선에서는 민족자결주의 정신에 입각하여 민족을 토대로 한 국가건설을 열망하였다.

그러다가 1945년 8월 일본의 패전으로 식민지였던 한국은 해방되었다. 이제 그동안 왜곡되어 진행된 한국의 근대화를 바로잡을 시기가 왔다. 즉 없어진 국가를 대신하여 민족이 그 자리를 지키고 있던 상황을 정리하고 국민 창출을 통한 국민국가 건설이 가능해졌다. 그러나 현실은 그리 녹록하지 않았다. 해방 이후 한반도는 신탁통치를 둘러싼 찬반대립으로 양분되었으며 나아가 남과 북에 서로 다른 성격의 정권이 들어서서 국가를 구성하였다. 분단은 냉전과 긴밀하게 연결되어 있었으며 이것은 체제경쟁을 유발시켰다. 여기서 남북의 권력자들은 자신들이야말로 역사적 정당성을 갖는 정통성 있는 국가임을 강조해야 하는 상황에 직면하면서 민족을 정당성의 근원으로 활용하였다. 국가가 건설되면서 퇴장해야 할 민족이 여전히 살아남아 무대 위에 머물고 있다. 여기서 국가의 중요한 구성요소인 국민은 애매하게 처리되고 만다. 즉 해방 이후 남과 북에 들어선 국가는 그 지역에 거주하는 사람들을 자신들의 국민으로 만들기 위한 구체적이고 적극적인 국민화 과정을 거치지 않고 식민지시기에 만들어진 민족(생활공동체를 구성하는 사람)을 국민(정치공동체를 구성하는 사람)으로 인식하는 정도에 그치고 있었다.

대표적인 사례가 친일파 문제이다. 해방 이후 국민국가를 건설하기 위해 무엇보다 먼저 처리해야 할 국가적 과제는 일본의 국민으로 일본이란 국가를 위해 살아온 친일파를 처단하는 것이었다. 이 과제를 해결하지 않고서 온전하게 국민국가를 완성한다는 것은 이론적으로 불가능하다. 즉 국가를 구성하는 국민들이 자신들의 정치공동체를 완성하기 위하여 정치적임 책임을 분명하게 물어야 했다. 바로 가해자에 대한 책임추궁이다. 이러한 책임추궁 의식에는 명확한 피해자 의식이 전제되어야만 한다. 그러나 분단이란 상황과 체제경쟁은 현실적인 실력과 힘을 갖춘 반국가적이며 반국민적 인사들에게 가해자 책임을 추궁하지 못하게 했다. 반국민이 국가의 지배집단에 포진하는 또 한 번의 국민국가 건설과정의 왜곡이 시작되었다.

당연(sollen)으로서의 국가와 국민의 관계는 사상(捨象)되고 있는 그대로의 현실(sein)적인 이해관계만을 추구하는 국가와 국민의 관계가 되어버렸다. 즉 이해관계를 중심으로 하는 생활공동체(≒민족)가 국민을 밀어내고 있었다. 자신들의 이해관계에 배치된다고 하여 국가가 국민을 무자비하게 살해한 해방직후와 한국전쟁 과정에서 일어난 수많은 민간인 학살은 그 대표적인 예이다. 국가와 국민의 당위적인 관계가 구축되지 못한 곳에서는 국가가 국민에게 가한 가해자 의식은 존재하지 않는다. 그리고 학살을 당한 측에서도 국민의 권리를 무시 당한 피해자 의식을 주장할 수 없었다. 해방 이후 한국에는 여전히 이 해관계를 같이 하는 생활공동체의 구성원으로서의 민족이 정치공동체를 구성하는 국민을 대체하고 있었기 때문이다. 가해(자)/피해(자) 의식은 정치공동체(≒국가)를 건강하게 유지하기 위해 서로의 권리와 책임을 보장할 수 있는 장치이며 반드시 전제되어야 할 요소이다.

5. 화해를 위한 첫발, 가해자/피해자 의식의 형성

위에서 살펴본 것처럼 일국내의 정치공동체에서 발생한 가해(자)/피해(자) 의식의 소멸이란 현상은 한일 관계에서도 유사하게 나타난다. 한일 관계 속에서 인간의 구체적인 행위는 국가의 행위로 치환되고 그 책임의 주체는 국가로 회귀된다. 이러한 현실의 배후에는 국민 국가의 운영원리와 한일 양국에서 다양한 행태로 지속적으로 확대재생산 되고 있는 내셔널리즘이 존재하기 때문일 것이다.

한국에서 일본의 식민지 지배 책임을 논할 경우 대체적으로 주어는 한국이나 일본이다. 즉 한국은 일본이 한국을 식민지로 지배하면서 얼마나 착취하고 억압했는지를 강조하고 이러한 일본에게 얼마나 큰 잘못이 있는지를 논한다. 국가가 주어가 되면서 친일파들은 국가 혹은 민족이란 방패막이 뒤에 숨어 침묵하면서 그들의 현실적인 이익이 침해되지 않기만을 학수고대한다. 일본은 가해자이며 한국은 피해자이기 때문에 한국인 가해자들은 침묵하는 것만으로도 논쟁의 무대에서 사라져버리기 때문이다. 이러한 논법에는 한 가지 문제가 발생한다. 즉 이러한 논리구조 속에는 한국인이면서 일본을 위해 일한 친일파의 모습이 사라져버리는 문제가 발생한다. 동일하게 일본인이면서 한국을 위해 움직인 사람들의 모습도 사라져버린다. 가해자가 누구인지 피해자가 누구인지 애매하게 되어버린다. 그 결과 가해(자)/패해(자) 의식 역시 미약해지고 이에 대한 책임추궁의 움직임도 일어나지 않는다.

한국인이라고 해서 모두 한국의 독립을 위해 투쟁한 것은 아니며 일본인이라고 해서 모두가 한국을 착취하고 지배한 것도 아니다. 국가의 행위와 국민의 행위가 완전히 일치하지 않기 때문이다. 독립운동에 헌신하다가 체포되어 재판에 회부된 한국인을 변호한 일본인 후세 다쓰지(布施辰治)는 2004년 한국 정부에서 대한민국 건국훈장 애족장을 받기도 하였다. 그리고 박열과 함께 일본의 황태자 암살을 모의하였다는 이유로 체포되어 법정에서 사형선고를 받은 가네코 후미코(金子文子)는 끝까지 천황의 감형 은사를 거부하고 옥중에서 사망하기도 하였다. 일본이라는 주어를 사용하여 후세와 가네코의 행위를 판단한다면, 이들의 행동은 비국민적일 수밖에 없을 것이다. 그러나 또 다른 시각에서 두 사람의 삶을 판단한다면, 이들의 삶은 자신이 어느 특정 국가의 국민이기 이전에 약자인 피지배 민중들의 삶을 옹호하고 지원한 보편적 가치를 추구한 행위이기도 하다. 국가를 주어로 하여 역사를 해석하는 것이 아니라 과거의 구체적인 상황에서 누가 어떠한 행위를 했는지 확인하는 행위자를 중심으로 역사적 사실을 파악하는 시선이 필요하다.

최근 많은 논쟁을 낳고 있는 일본군 '위안부' 문제와 관련된 논의에도 동일한 구조가 존재한다. 즉 일본군 '위안부' 문제에서 일본은 가해자이며 한국은 피해자로서 논의되고 있다. 그러나 구체적으로 살펴보면 한국인 가운데서도 '위안부'의 중간 모집책이나 위안소 경영자가 있었다. 즉 가해자인 한국인이 존재했었다. 일본군 '위안부' 피해자 가운데 한국인이나 중국인뿐만 아니라 일본인 '위안부'들 역시 존재한다. 이러한 사실은 '위안부' 문제 전공자라면 모두가 알고 있는 사실이며 일반인들이라고 하더라도 상식적으로 판단한 수 있는 내용이다. 특히 '위안부' 문제를 한일 간의 역사 문제라기보다는 젠더의 문제로 취급하는 연구자들의 관심은 권력에 의한 여성폭력에 있기 때문에 이들에게 국적의 문제는 중요하지 않다. 따라서 이들은 일본인 '위안부' 피해자에 대하여 언급해 마땅하다. 그럼에도 불구하고 한국인 페미니스트의 일본인 '위안부' 피해자에 대한 논의는 일천하다. 한국인 가해자의 문제, 일본인 피해자의 문제는 사라져버리는 것이다. 이러한 담론 구조 속에는 각국의 사회와 논자들의 내면에 존재하는 내셔널리즘이 영향을 미치고 있기 때문이다.

한국과 일본의 화해를 어떻게 풀어갈 것인가. 필자는 양국의 문제를 논할 때 주어를 한국/일본으로 사용하는 한 화해는 불가능할 것이라 본다. 즉, 필자는 한국/일본이라는 인식틀로는 상대방에 대한 지식이 증가하고, 당시 상황에 대한 이해도가 높아지고, 양국이 진지하게 화해를 위해 노력한다고 하더라도 결국은 국민국가의 내재적인 속성인 내셔널리즘을 넘어서지 못하고 화해불가능한 평행선을 달릴 수밖에 없다고 생각한다.

여기서 필자는 한일 양국의 화해를 위해 한국/일본이 아니라 피해자/가해자라는 인식의 전환이 필요하다고 본다. 한국과 일본의 화해가 아니라 피해자와 가해자의 화해를 위해서 무엇을 어떻게 할까라는 고민으로 바꾼다면 근대국민국가의 내재적인 속성인 내셔널리즘을 넘어설 수 있다고 본다. 내셔널리즘은 국가가 가상의 적을 상정하면서 그 적과 싸워 이기기 위하여 국내의 계급대립을 부정하는 구조로 이루어진 지배자의 이데올로기이다. 이러한 지배 이데올로기에서 벗어나지 않고서는 한일 간의 화해는 불가능하기 때문이다.

참고문헌

허수열, 『개발 없는 개발』(2판 1쇄), 은행나무, 2011.

최종길, 「서평 『화해를 위해서』」, 『대구사학』 85권, 2006.

신기욱·마이클 로빈슨 엮음, 도면회 옮김, 『한국의 식민지 근대성』, 삼인, 2006.

박지향·김철·김일영·이영훈 엮음, 『해방 전후사의 재인식』, 책세상, 2006.

탁석산, 『한국의 민족주의를 말한다』, 웅진닷컴, 2004.

고자카이 도시아키 지음, 방광석 옮김, 『민족은 없다』, 뿌리와이파리, 2003.

송건호 외, 『해방 전후사의 인식』, 한길사, 1979.

ベネディクト・アンダーソン著·白石さや, 白石隆訳, 『想像の共同体』, NTT出版, 1997

2

한일 국교정상화,
어떻게 이루어졌는가

유의상

1. 서론

1965년 6월 22일 한국이 13년 8개월에 걸친 일본과의 협상을 마무리 짓고 그해 12월 18일 국교정상화를 이룬 후 벌써 반세기 이상의 세월이 흘렀다. 그동안 한국은 정치, 경제·통상, 사회, 문화 등 여러 분야에서 일본과 활발한 교류를 통해 괄목할 만한 협력관계를 구축해 왔다. 그러나 한일 관계의 또 다른 일면에서는 일본군 '위안부' 문제를 비롯한 과거사문제와 독도에 대한 일본의 영유권 주장 등 일제 강점에 따른 부(負)의 유산이라고 할 수 있는 문제들이 계속해서 걸림돌로 작용하면서, 양국관계가 안정적이고 성숙한 관계로 발전해 나가지 못하고 있다.

---

* 이 글은 필자의 저서 『대일 외교의 명분과 실리』(역사공간, 2016)와 『13년 8개월의 대일협상』에서 발췌한 내용을 본 책자의 편집 방향에 맞게 수정하고 가필한 것임을 밝혀둡니다.

이와 같은 한일 관계의 현상에 대해서는 한국 정부가 과거를 제대로 청산하지 못한 채 안이하게 한일회담을 마무리하고 일본과 국교를 정상화하였기 때문에 나타난 결과라는 비판적 시각이 설득력 있게 받아들여지고 있다. 비판론자들 중 일부는 한일 간의 우호·협력관계를 지속적으로 훼손하고 있는 과거사문제의 근본적인 해결을 위해서는 1965년 국교정상화를 위해 체결한 '한일협정'('기본관계에 관한 조약'과 '청구권협정', '어업협정', '재일한국인 법적지위에 관한 협정', '문화재 및 문화협력에 관한 협정'등 4개의 협정을 통칭하여 '한일협정'이라고 부름) 가운데 과거청산의 의미를 담고 있는 '청구권협정'(정식명칭은 '대한민국과 일본국 간의 재산 및 청구권에 관한 문제의 해결과 경제협력에 관한 협정')을 개정하거나 재협상을 통해 새로운 협정을 체결해야 한다는 주장까지 하고 있다. '청구권협정'의 문제점은, 협정을 통해 일제강점 하에서 발생한 피해에 대한 배상 또는 보상이 제대로 이루어지지 못하였음은 물론, 개인의 피해보상을 위한 청구권마저 국가차원의 경제협력 해결방식에 매몰됨으로써 오늘날 일본군 '위안부' 문제나 강제동원(또는 징용) 피해보상 문제 등 과거사 현안들이 해결되지 못하고 있다는 것이다.

공개된 한일 양국의 한일회담 관련 외교문서를 살펴보면 한국 측이 마지막 제7차 회담에서 서둘러 협상을 타결 짓고자 했던 흔적이 곳곳에서 발견되고 있다. 또한, 협상의 결과물인 '한일협정'에는 비판론자들이 주장하는 대로 오늘날의 가치관과 시각에서 보면 결코 만족스럽다고 할 수 없는 부분들이 여러 곳 있는 것이 사실이다. 한국 외교부가 2014년 4월부터 1년 반 이상 일본 측과 일본군 '위안부' 문제의 해결을 위한 국장급 협상을 진행하였고, 국장급 협상을 토대로 2015년 12월 28일 양국 외교장관 간에 이 문제의 해결방안에 관한 새로운 합의를 이룬 것도—한국 국내적으로는 합의내용에 대한 평가가 결코 긍정적이지 않지만—결국은 이러한 문제의식에서 출발한 것이라 할 수 있다.

그렇다면 한국 정부가 당시 국내에서의 극심한 반대를 무릅쓰고 일본 측과의 타협을 서두르면서 국교정상화를 추진하였던 이유는 무엇인가? 이 글은 이러한 물음에 대한 답을 찾고자 하는 데 그 목적이 있다. 다음에서는 한국이 일본과 한일회담을 시작하게 된 배경을 우선 살펴보고, 이어서 공개된 양국의 한일회담 외교문서상의 기록을 토대로 국교정상화에 이르기까지의 교섭과정을 분석한 뒤, 마지막으로 한일 국교정상화가 이루어지게 된 요인에 대해 논함으로써 독자 여러분들의 궁금증을 풀어보고자 한다.

2. 한일회담의 시작 배경

한일회담은, 한국이 일본의 전쟁배상 등 전후처리 논의를 위해 1951년 9월 4일부터 8일까지 개최된 샌프란시스코 대일강화회의에 참석하여 일본으로부터 식민지배에 대한 배상을 받으려고 하던 시도가 좌절된 후, 이 회의에서 체결된 대일강화조약 제4조 a)항(재산 및 채무를 포함한 청구권의 처리는 일본과의 특별협정으로 결정한다는 내용)에 의거, 미국 주선으로 일본과 양자협상을 통해 대일 배상문제 등 현안을 해결하고 국교를 정상화하기 위해 개최된 것이다.

1945년 8월 15일 일제강점에서 벗어난 한국인들이 가장 먼저 원했던 것은 일본으로부터 불법적인 식민지배를 통해 입었던 정신적, 물질적 피해에 대한 배상을 받는 일이었다. 하지만 광복 후 한반도는 독립국가가 되지 못한 채 곧바로 남·북으로 분단되어 남한은 미군정의 통치를 받게 되었고, 일본 또한 연합군의 점령 하에 놓이게 되었다. 이로 인해 일본에 대해 직접 피해배상을 요구할 수 있는 길 또한 막혀 버리고 말았다. 미군정 하에서 남한의 정·재계 인사들은 일본의 전쟁배상문제를 다루는 국제회의(샌프란시스코 대일강화회의에 앞서 1946년 11월 워싱턴 D. C.에서 개최된 대일배상회의) 참가를 통해 배상을 실현하는 방안을 추진하였다. 그러나 미국은 이에 대해 부정적인 반응을 보였다. 일본 식민지였던 남한을 일본으로부터 배상을 받을 수 있는 연합국의 일원으로 인정하지 않았던 것이다.

남한에서 3년여의 미군정이 끝나고 1948년 8월 15일 대한민국 정부가 출범하자 초대 대통령 이승만은 미국을 비롯한 연합국들의 부정적 인식에도 불구하고 샌프란시스코 대일강화회의 참가를 위한 외교적 노력을 본격적으로 추진해 나갔다. 한국 정부는 1949년 1월 도쿄에 설치된 주일 한국대표부를 통해 연합군 최고사령부와 대일강화회의 참가문제에 관한 협의를 시작하였다. 최고사령부는 협의에서 우선 한국 측이 주장하는 대일 배상내역을 제출토록 요청하였다. 이

내역에는 '일반배상'을 제외하고 일본에 반환을 요구하는 '특수품' 목록만 포함시키도록 요구되었다. 최고사령부는 주한 미 군정청이 남한에서 몰수한 일본재산을 1948년 9월 한국 정부에 이양하였음을 감안하여 '일반배상', 즉 식민지배에 따른 피해배상이나 전쟁피해 배상을 제외한 '반환적' 성격의 항목만을 제출토록 한 것이다.

그러나 한국이 자료를 제출하자 최고사령부는 이에 별 관심을 보이지 않은 채, 대일배상은 후일 체결되는 대일강화조약에 의거하여 적당한 시기에 고려할 수 있다는 입장을 표명함으로써 한국의 기대를 무산시켰다. 한국 정부는 최고사령부의 소극적인 반응과는 무관하게 이 자료를 보완, 후일 일본과의 청구권교섭에서 기초자료로 활용되는 『대일배상요구조서』를 완성하였다. 이후 한국 정부는 주미 한국대사관과 주한 미국대사관을 통해 대일강화회의 참가를 위한 교섭을 계속 이어나갔다.

한국의 대일강화회의 참가에 부정적이던 미국은 한국 정부의 끈질긴 교섭과 존 무초(John J. Mucio) 주한 미국대사의 강력한 건의로 한때 한국의 참가를 긍정적으로 고려하기도 하였다. 공산세력과 전쟁 중인 한국의 국제적 지위를 강화하기 위한 목적이었다. 그러나 결국 미국은 최종적으로는 한국을 회의 참가국에서 제외하였다. 미국이 이러한 결정을 하게 된 것은 전후처리과정에서 영연방의 수장으로 일정한 지분을 행사코자 했던 영국의 지속적인 반대(사회주의자인 클레멘트 애틀리(Clement Attlee) 영국 총리는 공산 중국의 회의 참가를 원했으나 미국 반대로 뜻을 이루지 못하자 연합국 일원으로 인정받지 못한 한국의 참가도 반대)가 영향을 끼쳤기 때문이라고 할 수 있다. 그러나 보다 근본적인 이유는 일본의 식민지배에 따른 피해배상을 요구하는 한국의 입장이, 전후배상을 최소화하여 일본을 신속히 부흥시킴으로써 동아시아에서의 방공(防共)세력의 주축으로 삼고자 했던 미국의 정책과 어긋났기 때문이라고 보아야 할 것이다.

1951년 6월경 대일강화회의 참가가 어렵게 되었음을 인지한 이승만 대통령은 미국에 대해 강화조약에 일본의 재한재산 포기를 확인하는 조항(제4조 b)항)과 일본과 양자협의를 개최할 수 있는 근거(제4조 a)항)를 추가해 줄 것을 요구하였다. 이와 함께 일본과의 양자협의 개최 주선도 요청하였다. 대일강화회의 참가국에서 제외된 한국에 대한 배려차원에서 미국은 조약에 위 두 조항을 포함시키는 한편, 한일간 양자회담 개최 주선에도 나섰다. 일본은 강화회의 참가국에서 조차 배제된 한국과 별도의 양자회담을 개최할 의사가 별로 없었지만, 패전과 더불어 일본에 남게 된 재일한인문제의 해결을 위해 특단의 조치가 절실한 상황이었다. 제2차 세계대전 종료 당시 2백만 명이 넘었던 재일한인은 한국의 독립과 함께 3분의 2이상이 귀국했으나, 경제적인 이유나 혼란스러운 한국의 정치상황으로 일본에 잔류한 인원이 64만여 명이나 되었다. 일본 정부 입장에서 재일한인들은 좌익세력이 주동하는 폭력시위에 가담하는 경우가 많아 치안 상 문제가 되고 있었을 뿐 아니라, 이들에 대한 식량지원도 경제적으로 많은 부담이 되고 있었다.

미국은 이와 같은 한국의 요구와 일본의 사정을 적절히 고려하여 최초의 한일회담은 '재일한인의 법적지위'에 관한 협의로 의제를 제한하되, '한일 간의 현안에 관한 의제확대와 장래의 한일교섭의 방법과 절차'도 부차적으로 논의하는 방식으로 회담개최를 성사시켰다. 회담개시일은 1951년 10월 20일로 확정되었다. 미국이 한일 양자회담 개최에 적극적이었던 것은 공산세력과 전쟁 중이던 한국이나 패전국인 일본을 배려하기 위한 측면도 있었지만, 그 이면에는 동아시아지역에서 냉전 대응전략의 일환으로 추진해 온 '지역통합구상', 즉 소위 '샌프란시스코 체제(San Francisco System)'를 완성코자 하는 전략적인 의도가 자리 잡고 있었기 때문이다. 미국은 대일강화회의에서 배제된 한국이 일본과 양자협의를 통하여 정치·경제적으로 협력을 강화하고, 일본과 대만 간에 평화조약이 체결된다면 일본을 중심으로 하는 '방공망(防共網)'이 어느 정도 구축될 것이라는 인식을 갖고 있었던 것이다.

한국으로서는 대일강화회의에서 전후처리의 일환으로 일본의 식민지배피해를 청산하고자 했던 애초의 계획이 무산되면서 일본과 양자회담을 통해 문제를 해결해나가야 하는 상황이 되었다. 일제강점에서 벗어난 후 일본과 직접 협상할 길이 마땅치 않아 국제회의를 통한 과거청산을 추구했던 한국에게는 결과적으로 더 잘된 일이라고 할 수도 있다. 왜냐하면 한국이 대일강화회의에 참가하여 뛰어난 교섭력을 발휘했다 하더라도 식민지배에 대한 배상을 받을 수 있는 가능성은 매우 희박했기 때문이다. 일본에 유화적이었던 미국 주도로 작성된 대일강화조약은 제14조(청구권과 재산)에 일본의 최소한의 전쟁피해배상만을 규정하였을 뿐, 식민지배에 대한 배상은 초안 작성 단계에서부터 논의조차 이루어지지 않았다. 그러나 한일회담은 대일 강화조약을 근거로, 미국 주선 하에 시작되었다는 점에서 한국이 독자적인 교섭목표와 전략을 가지고 교섭을 진행해 나가기에는 원천적인 제약이 따를 수밖에 없었다.

3. 한일 국교정상화에 이르기까지의 교섭과정

한일회담은 1951년 10월 20일 예비회담 개최를 시작으로 1965년 6월 22일 제7차 회담에서의 최종 타결에 이르기까지 총 13년 8개월간 진행되었다. 회담이 이처럼 오래 걸린 것은 식민지피해국인 한국과 가해국인 일본의 입장이 근본적으로 다른 상황에서 청구권문제와 어업문제 등을 둘러싸고 협상이 난항을 거듭했기 때문이다. 회담은 일곱 차례나 중단되었다가 재개되었으며, 본회의와 각 의제별로 개최된 공식, 비공식 회의수를 모두 합하면 1,500회를 넘었다.

이승만 정권에서의 제1차~4차 회담
1951년 10월 20일~1960년 4월 15일

예비회담에서 확정되어 회담이 마무리될 때까지 지속적으로 협의가 이루어진 한일회담의 의제는 양국 간의 기본관계 설정문제, 청구권, 재일한국인 법적지위, 어업, 그리고 문화재반환 등 5개 항목이었다. 1952년 2월부터 1960년 4월까지 진행된 이승만 정권에서의 제1차~제4차 한일회담에서는, 한국 정부의 교섭초점이 일본의 과거행위에 대한 반성과 사죄를 촉구하는 가운데 주로 일본과의 배상문제를 해결하는 데 맞추어져 있었다. 이 시기에는 이승만 대통령의 개인적인 반일노선 뿐만 아니라 반일감정이 지배하는 국내여론으로 인하여, 한국대표단은 회담에서 일본 측에 대해 줄곧 강경기조를 유지하는 상황이 이어졌다.

한국은 가장 중시했던 대일 배상문제와 관련, 제1차 회담에서 식민지배 피해배상요구가 아닌 법적으로 일본에 청구할 권한이 있다고 판단한 '대일청구권요강안' 8개 항목을 제시하고 일본이 이를 수용토록 교섭해 나갔다. 한국 입장이 식민지배 피해배상요구에서 청구권주장으로 바뀐 것은 일본의 배상부담을 줄이고자 했던 미국의 뜻이 반영된 결과라고 보아야 할 것이다. 미국은 1949년 1월 주일 한국대표부와의 협의에서 대일 배상내역으로 반환적 성격의 특수품 목록만 제출토록 할 때부터 한국의 식민지배 피해배상요구는 인정하려하지 않았다. 한일회담의 개최근거가 된 대일강화조약 제4조 a)항에도 피식민지였던 한국과 일본 간에 청산해야 할 문제는 식민지배 피해가 아닌 '청구권(채무관계 포함)'이라고 명기되어 있었다.

한국의 청구권주장에 대해 일본은 미 군정청이 한국 정부에 이양한 재한일본재산, 특히 사유재산에 대한 '역청구권'을 내세우며 대응하였다. 양측의 청구권주장이 극렬하게 대립하면서 회담은 파행을 거듭했다. 일본의 역청구권주장은 요시다 시게루(吉田茂) 정권에서 계속되다가 하토야마 이치로(鳩山一郎), 이시바시 단잔(石橋湛山) 정권을 거쳐 기시 노부스케(岸信介) 정권이 들어선 연후에야 비로소 철회되었다. 한일회담의 조기타결을 기대하고 있던 미국은 회담이 중단될 때마다 중재노력을 기울였으며, 일본이 역청구권을 포기하도록 하는 데 일정한 역할을 함으로써 회담이 계속 이어질 수 있도록 하였다.

이승만의 대일 강경기조가 초래한 결과라고도 할 수 있겠지만, 일본은 이 기간 중 한국에 대한 역청구권주장 이외에도 제3차 회담에서의 구보타 간이치로(久保田貫一郎) 대표의 '식민지 시혜 발언', 제4차 회담 기간을 전후로 추진된 재일한인의 북송 등을 통해 지속적으로 한국 국민의 감정을 자극하였다. 한국은 이에 대항하는 조치로 1952년 1월 18일 선포한 '평화선'을 침범하는 일본 어선을 나포함으로써 양국 관계는 전반적으로 반목 또는 소강국면을 벗어나지 못하였다. 결국 이승만 집권 중에 개최된 4차례의 한일회담은 중단과 재개를 되풀이 하면서 별다른 진전을 이루지 못하고 말았다. 구보타 망언으로 1953년 10월 21일 결렬된 제3차 회담이 재개되기까지는 무려 4년 반이 걸리기도 하였다.

이승만 정권에서의 대일교섭은 이승만이라는 개인의 역량에 의해 모든 것이 이루어졌다고 해도 과언이 아니다. 신생독립국으로 외교인프라가 열악할 수밖에 없었던 한국은 직업외교관의 부재로 사회 각층의 전문가로 회담대표단을 구성하여 회담에 임하였다. 외교교섭 경험이 일천하였던 한국대표단은 교섭에 임하는 자세부터 교섭방침 수립에 이르기까지 일일이 이승만의 지휘 감독을 받았다. 이승만은 외교 인프라 미비, 미국의 일본 중시정책 등 한국이 대일교섭 상 여러 면에서 열세에 놓여 있었던 점을 고려하여 평화선을 선포하고 이를 일본에 대한 압박수단으로 활용하였다. 또한 회담수석대표를 양유찬, 임병직 등 미국통으로 임명함으로써 미국과의 원활한 소통을 통해 미국이 일본에 편향된 정책적 판단이나 간섭을 하지 않도록 도모하였다. 한국은 제1차~4차 회담자체에서는 별다른 성과를 거두지 못하였지만 회담대표단은 이승만의 지도 아래 교섭능력과 경험을 축적할 수 있었다. 이렇게 축적된 외교적 자산은 다음 정권에서 이어진 일본과의 어려운 교섭에서 큰 기여를 하였다.

장면 정권에서의 제5차 회담
1960년 10월 25일~1961년 5월 18일

한국에서는 1960년 4월 이승만 정권이 무너지고 과도정부를 거쳐 8월에 장면 내각이 출범하였다. 장면 내각에서 진행된 제5차 회담은 이승만 정권에서의 4차례의 회담과는 다른 모습으로 진행되었다. 우선, 이승만이라는 개인에 의해 좌우되던 대일교섭이 외무부 주도하에 '체계적'으로 이루어지게 되었다. 이는 정부형태가 대통령제에서 의원내각제로 바뀌고, 정일형이라는 정치적 거물이 외무부장관이 되면서 외무부의 위상이 강화되었기 때문이다. 또한 정부수립 후 12년이 경과하면서 직업외교관이 양성되고, 외무부의 사무처리 절차가 현대화되는 등 외교 인프라가 어느 정도 구축되었던 것도 그 이유 중 하나라고 볼 수 있다.

회담 내용면에서는 일본의 대한 역청구권주장을 둘러싼 소모적인 법리논쟁에서 벗어나 한국의 대일청구권을 중심으로 한 본격적인 토의가 이루어졌다. 물론 「대일청구권요강안」의 내용들을 최대한 관철시키려는 한국과, 한국의 요구를 최소화하려는 일본 간에 치열한 논쟁이 이어졌지만, 그 논쟁의 핵심이 앞선 회담과 달리 한국의 대일청구권에 관한 것이었다는 점이 중요하다. 한국은 대일청구 8항목 중 '개인청구권'에 해당하는 항목의 토의시에는, 청구의 근거가 되는 상당수의 자료들이 일본 정부 손에 놓여 있었고, 일본 국내법에 의한 처리를 수용할 경우 일본의 식민지배를 정당한 것으로 인정하는 형국이 되기 때문에 국가처리 방식에 의한 일괄타결(일본으로부터 일괄적으로 청구권 자금을 받고 피해자 개인들에게는 한국 정부가 자체적으로 보상)을 주장하였다.

제5차 회담의 또 한 가지 특기할 만한 사항은 청구권 문제와 관련한 '경제협력방식'(무상 및 유상차관)의 해결방안이 대두되었다는 점이다. 한국 정부는 제5차 회담에서 공식적으로는 경제협력방식을 고려하지 않는다는 방침을 견지하였다. 그러나 광복 후 일정한 세월이 경과함에 따라 한국 국내적으로 반일감정이 어느 정도 완화되면서, 경제발전을 위해서는 일본과 경제협력이 필요하다는 인식이 점차 확산되기 시작하였다. 한국대표단은 청구권문제를 다루는 소위원회 회의에서는 일본 대장성관리들과 대일청구 8항목을 둘러싸고 치열한 사실관계 확인과 법리다툼을 벌였지만, 다른 한편으로 본회의 수석대표 간 회의에서는 허심탄회한 의견교환을 통하여 청구권 문제의 '경제협력방식' 해결을 포함한 제반 현안들의 해결방향을 심도 깊게 논의하였다. 이러한 논의는 차기 회담에서의 청구권 문제 타결을 위한 중요한 포석이 되었다. 제5차 회담은 1961년 5월 16일 한국에서 발생한 '군사정변'으로 중단되었다.

박정희 정권에서의 제6~7차 회담
1961년 10월 20일~1965년 6월 22일

'군사정변'으로 정권을 잡은 박정희는 정권의 정당성 확보차원에서 경제발전을 최우선 순위의 정책목표로 삼았다. 이를 실현시키기 위해서는 청구권교섭을 조기에 타결하여 일본에서 자금을 들여오는 것이 급선무였다. 이러한 임무 수행을 위하여 정권의 2인자인 김종필 중앙정보부장이 전면에 나섰다. 김종필은 자신의 육사 동기생(최영택 중앙정보부 국장)을 주일대표부에 파견하여 1961년 10월 20일부터 시작된 제6차 회담의 대일교섭 실무를 담당케 하는 동시에, 일본 정계의 막후 실력자였던 고다마 요시오(児玉誉士夫) 등을 통해 일본 정치권 내에 친한 세력을 구축토록 하였다. 이와 함께 자신도 직접 일본을 수차례 방문하여 이케다 하야토(池田勇人) 총리, 오히라 마사요시(大平正芳) 외상을 비롯한 일본 정계인사들을 접촉, 청구권 문제 타결을 위한 분위기를 조성해 나갔다. 박정희도 미국 방문길에 11월 12일 도쿄에 들려 이케다 총리와 회담을 갖고 회담의 조기타결을 위한 돌파구를 모색하였다.

일본은 식민지배에 대한 배상은 절대불가라는 인식을 갖고 있었으나, 미국의 압력에 의하여 한국과의 국교정상화를 위해서는 어떠한 방식으로든 '보상'을 할 수밖에 없는 상황이었다. 일본은 기왕이면 일본의 국익에도 부합하는 경제협력방식으로 문제를 해결한다는 방침을 세우고, 기시 정권 이래 경제협력방식을 한국 측에 타진해 왔다. 이러한 양국 간의 이해와 함께, 한국에 대한 경제원조의 일정부분을 일본과 분담한다는 미국의 전략목표가 합치되어 1962년 11월 12일 '김종필-오히라 합의'가 이루어졌다. 이 합의로 10년 넘게 진행되어 온 한일회담의 최대현안이었던 청구권 금액에 타결(무상제공 3억 달러, 유상차관 2억 달러, 상업차관 1억 달러 이상, 상업차관은 후일 청구권협정 타결 시 3억 달러 이상으로 증액됨)이 이루어짐으로써 국교정상화를 위한 단초가 마련되었다.

'김-오히라 합의'는 체계를 갖추기 시작한 한국의 외교시스템을 통한 꾸준한 실무교섭, 김종필의 개인역량, 오히라 외상의 결단, 그리고 기시 전 총리 등 일본 정계 내에서 한국에 우호적이었던 인사들의 협조 등이 함께 어우러져 도출된 결과물이다. 그러나 한국 국내에서는 이 합의가 '흑막거래의 산물' 또는 '평화선 및 어업문제의 양보의 대가' 등으로 매도당하면서 강한 반대에 부딪히고 말았다. '김-오히라 합의'의 주역인 김종필은 국내의 격렬한 반대와 미국의 압력으로 결국 이후에 진행된 한일회담에서 손을 떼게 되었다.

한국은 '김-오히라 합의'로 청구권금액이 타결됨에 따라 일본과의 교섭을 곧 마무리할 수 있을 것으로 생각하였다. 그러나 이 합의에 대한 한국 국내의 거센 반대로 인해 회담은 2년여의 공백 끝에 1964

년 12월이 되어서야 제7차 회담으로 재개되었다. 박정희는 자신의 비서실장이었던 이동원을 외무장관에 임명하고, 이승만 정권에서 외무부 정무국장, 차관을 역임하면서 한일회담에 깊이 관여하였던 김동조를 주일대사 겸 회담 수석대표로 재 등용하여 새로운 진용을 구축한 뒤, 이들로 하여금 교섭의 조기타결에 매진토록 하였다.

제7차 회담의 과제는 청구권금액 타결 이후 미해결 상태로 남아있던 청구권협정의 명목, 청산계정(한국의 대일부채)의 처리, 정부차관의 상환기간 등 몇 가지 사안들과 평화선 및 어업문제에 대한 일본과의 입장 차를 해소하고, 협정 문안을 작성함으로써 교섭을 마무리 짓는 일이었다. 이 가운데 평화선과 어업 문제는 그간의 회담에서 한국 측의 매우 유용한 협상 지렛대로 활용되었으나, 일본과의 핵심 교섭사안이었던 청구권금액의 타결 이후에는 오히려 한국 측에 회담 진행을 방해하는 요소로 작용하였다. 한국대표단은 호텔에서 일본 측과 합숙교섭까지 하는 진통을 겪은 끝에 청구권협정과 어업협정의 문안에 최종 합의하였다.

한국의 이동원 외무장관은 1965년 6월 일본을 방문하여 남아 있던 협정 문안 상의 몇 가지 이견들을 모두 해소하고, 6월 22일 기본관계 조약, 청구권, 어업, 재일한국인 법적지위 및 처우, 문화재 및 문화협력 협정에 조인하였다. 이로써 13년 8개월이 소요되었던 한일회담은 종결되었다. 이후 한국은 1965년 8월 11일 국회에서 여당인 공화당 의원들만 참석한 가운데 한일협정을 비준하였다. 일본은 11월 12일 중의원에서, 12월 11일 참의원에서 각각 비준안을 통과시켰다. 그해 12월 18일 양국 간에 비준서가 교환됨으로써 한일협정은 발효되었다. 한일 양국은 이 날짜를 기준으로 국교를 정상화하였다.

4. 한일 국교정상화를 이끈 요인

한일 간에 국교정상화를 이끈 한일회담의 타결은 모든 현안 하나하나가 복잡하고 어려운 교섭과정을 거치긴 하였지만, 그 가운데에서도 양국이 대립을 거듭하였던 청구권문제가 타결됨으로써 이루어졌다고 할 수 있다. 한국 정부가 과거청산의 의미가 담긴 청구권 문제를 국내의 극심한 반대를 무릅쓰고 '경제협력'의 일괄타결방식을 통해 정치적으로 해결하고 한일회담을 서둘러 마무리 하고자 했던 배경은 무엇인가? 가장 중요한 이유는 한국 경제의 발전을 위해 일본으로부터 자금도입이 절실하였기 때문이다. 박정희가 정권을 잡은 1961년 당시 한국 경제는 1인당 국민소득이 85달러에 불과하였으며, 만성적인 인플레이션과 물가상승에서 벗어나지 못하고 있었다. 그나마 한국 경제를 지탱해 주던 미국의 원조도 1958년부터 양적 감소와 함께 무상에서 유상차관으로 전환되면서 상황을 더욱 어렵게 하였다. 이러한 때에 정권을 잡은 박정희는 정권의 정당성과 안정성 확보를 위해서라도 경제재건을 최우선과제로 삼을 수밖에 없었다.

1962년 1월 '제1차 경제개발계획'이 발표되었으나 경제개발에 소요되는 자금 확보가 난관에 부딪혔다. 미국은 물론 유럽 어느 국가도

'전쟁위험국가'로 분류되어 신용이 불확실한 한국에 돈을 꾸어주려 하지 않았기 때문이다. 결국 박정희는 '산업화 프로젝트'에 필요한 자금과 기술을 일본에서 시급히 조달하여 '경제개발 5개년계획'을 원활하게 이행해 나갈 필요가 있었으며, 이러한 필요가 박정희 정권을 '경제협력방식'의 청구권 문제 타결과 함께 일본과의 국교정상화로 이끌었던 것이다.

1950년대 말부터 북한의 산업화가 급속히 진전되면서 북한에 대한 한국의 상대적 열등감과 위기의식이 점차 확산되고 있었던 점도 박정희 정권이 한일회담을 조속히 마무리하여 경제발전에 매진하도록 하는 기폭제가 되었다고 할 수 있다. 북한은 6·25전쟁이 끝난 1953년에는 1인당 GDP가 58달러로, 76달러였던 한국보다 뒤지고 있었다. 그러나 1960년대에 들어 한국을 앞서기 시작하였으며, 1964년에는 한국이 107달러, 북한 194달러로 격차가 크게 벌어졌다. 이러한 추세는 1973년까지 계속되었다. 또한, 북한의 김일성은 비록 중도에 무산되기는 하였으나 1961년 9월 11일 '인민경제발전 7개년(1961~67)계획'을 발표하였는데, 박정희 정권이 1962년 1월 서둘러 '제1차 경제개발 5개년계획'을 발표한 것도 이에 영향을 받았기 때문이라고 보아야 할 것이다.

안보 측면에서는 베트남전쟁의 확전과 공산 중국의 핵실험 성공에 따른 아시아지역의 정세변화가 한국에게 위기감을 불러일으켰고, 이러한 위기감이 일본과의 안보협력을 기대할 수 있는 국교정상화 추진으로 이어졌다. 1964년 8월 통킹만 사건을 계기로 미군이 베트남전쟁에 직접 투입되었는데, 미국의 베트남전 개입확대는 한국에 대한 안보 공약의 상대적 약화를 초래할 수밖에 없었다. 이에 더하여 1964년 10월 중국의 핵실험 성공은 아시아지역에서의 공산세력의 위상을 강화하는 효과를 가져왔으며, 이는 북한 공산정권과 대치하고 있는 한국에게는 직접적인 안보위협으로 다가왔다. 결국 한국은 베트남전 파병이라는 승부수를 띄워 미국의 한국에 대한 안보협력을 재확인하는 한편, 공산세력에 대한 공동전선 구축을 위하여 일본과의 국교정상화를 추진하게 되었다.

일본이 한국과 국교정상화를 하게 된 이유도 경제와 안보적인 측면에서의 필요성이 컸기 때문이다. 일본은 6·25전쟁의 특수를 통해 경제부흥을 이룬 후 지속적인 경제성장을 위해 상품이나 자본을 수출하기 위한 새로운 시장을 필요로 하였다. 한국은 '식민지유산'이 가장 많이 남아 있고 저렴하고 우수한 노동력이 풍부하며 지리적, 정치적으로 또는 경제구조나 운영방법 등 제반 여건상 일본의 상품 및 자본시장으로서, 효율적인 생산기지로서 최적임지였다. 따라서 경제협력을 통해 한국을 일본의 수출시장으로 키우는 것은 일본의 국익에도 부합된다는 판단이 서 있었다고 보아야 할 것이다. 이와 함께 일본인들의 머릿속에는 6·25전쟁 당시 일본 자민당 내에서 제기된 '부산적기론(釜山赤旗論)'과 같이 한반도가 공산화되면 일본도 위험하다는 인식이 자리 잡고 있었으며, 이러한 인식이 한국의 정치적, 경제적 안정에 기여할 수 있는 국교정상화로 이어졌다고 할 수 있다.

한일 국교정상화에는 미국의 직·간접적인 관여와 압력도 상당한 작용을 하였다. 미국은 대동아시아 정책의 일환으로 1951년 한일 두 나라가 직접 대화하도록 주선한 이래 한일회담이 종결될 때까지 끊임없이 관여하면서 회담의 타결을 위한 노력을 기울여 왔다. 과거청산과 관련하여 결코 한국 편을 들지 않았던 미국도 청구권 문제의 원만한 해결 없이는 한일 간 협상이 타결되기 어렵다는 점을 충분히 인식하고 있었다. 미국은 이 문제를 풀어나감에 있어 자신들의 동아시아 외교정책에도 부합되는 경제협력방식을 제안하였고, 결국 한일 간에 이 방식으로 문제가 타결되었던 것이다.

5. 결론

한일 국교정상화는 13년 8개월이라는 세계적으로도 전례를 찾기 힘든 길고 험난했던 협상과정을 거쳐 이루어졌다. 한국에서는 일본과의 국교정상화 직후부터 현재에 이르기까지 일제강점 피해에 대한 완전한 청산 없이 이루어진 교섭의 결말에 대한 비판이 끊이지 않고 있다. 그러나 이러한 비판에도 불구하고 한국이 절대적으로 불리한 교섭여건, 일본의 그릇된 역사인식, 일본에 편향된 미국의 압력 등을 극복하고 이루어 낸 국교정상화의 의미는 결코 과소평가되어서는 안 될 것이다. 한국은 일본과 국교를 정상화한 후 정치나 안보 면에서 안정을 찾고 경제발전에 매진할 수 있게 되었다. 일본으로부터 도입한 청구권자금이 1960년대 말에서 70년대에 걸쳐 한국이 산업화를 이루고 이를 토대로 비약적인 경제발전을 이룩해 나가는 기폭제가 되었다는 점 또한 부인할 수 없는 사실이다.

한국이 국교정상화 교섭과정에서 완벽하게 해결하지 못한 과거사 문제는 지난 50여 년간 계속해서 한일 관계 발전에 걸림돌이 되어 왔고 앞으로도 쉽게 해결될 전망은 보이지 않는다. 그렇다고 해서 1965년에 체결된 '한일협정'을 개정하거나 새로운 협정 체결을 통해 과거사 문제를 해결해야 한다는 주장은 그리 현실적이라 할 수 없다. 한국의 국력이 1960년대와 비교할 수 없을 정도로 커졌고 그간 수많은 외교교섭을 통해 교섭능력 또한 충분히 배양되었다는 점에서 교섭을 다시 해야 한다는 주장은 일리가 있다. 그러나 교섭 상대국인 일본의 과거역사에 대한 인식과 교섭태도에서는 어떠한 긍정적인 변화도 찾아 볼 수 없는 것이 현실이다. 이러한 상황에서 교섭을 다시 한다 해도 한국 국민들의 정서상 만족할 만한 결과를 도출해 낼 가능성은 극히 낮다고 보는 것이 타당하다. 한일 간에 새로운 협상을 거쳐 도출한 2015년 12월 28일 일본군 '위안부' 관련 합의가 한국 내에서 저조한 평가를 받고 있음이 이를 입증하고 있다.

한국이 과거의 굴레에서 벗어나 일본과의 관계를 발전시켜나가기 위해서는 무엇보다도 과거사 문제와 다른 현안들을 분리하여 대응하는 지혜가 필요하다. 지난 박근혜 정부에서처럼 과거사 문제가 한일 관계 전체를 좌우하는 상황이 되풀이되는 것은 결코 한국의 국익에 도움이 되지 않는다. 어렵겠지만 양국 정치지도자들 간에 신뢰를 구축할 수 있는 방안을 모색하고, 양국 국민들의 교류 증진을 통해 상대방에 대한 이해와 존중하는 마음을 키워 나가는 것이 과거사 관련 새로운 협정 체결을 모색하는 것보다 현실적이라 할 수 있을 것이다.

참고자료

유의상, 『대일외교의 명분과 실리: 대일청구권 교섭과정의 복원』, 서울: 역사공간, 2016.

유의상, 『13년 8개월의 대일협상: 한일회담 어떻게 평가할 것인가』, 서울: 역사공간, 2016.

이원덕, 『한일과거사 처리의 원점: 일본의 전후처리 외교와 한일회담』, 서울: 서울대학교출판부, 2000.

장박진, 『미완의 청산: 한일회담 청구권교섭의 세부과정』, 서울: 역사공간, 2014.

3

재일한국인,
그들은 어떻게 만들어졌고
살아왔는가

김인덕

1. 이주와 정주의 역사

재일한국인은 일본에 살고 있는 한반도 출신의 사람들을 말한다. 세대별로는 1세대부터 5세대, 6세대까지라고 할 수 있다. 1945년 이전에 일본에 갔던 한반도 출신을 올드커머(オールドカマー)라고 하면 1989년 이후 간 사람들을 통칭하여 뉴커머(ニューカマー)라고 한다.

재일한국인은 식민지배의 산물이라고 할 수 있다. 따라서 식민지 과처 청산의 문제와 긴밀하게 관계되어 있다.

근대 이후 일본에 한국 사람이 가기 시작한 것은 1881년 유학생이다. 물론 1910년 강제병합 때까지 다양한 이유로 한국 사람은 일본에 갔다. 1910년 한국병합으로 한국인은 제국의 신민으로 본격적으로 일본에 갔다. 문벌과 돈 있는 사람만이 아니라 다양한 사람이 일본을 선택했다. 고학생이 늘어 갔다. 학비 때문에 야간에 공부하고 주간에 노동하는 경우도 생겨났던 것이다.

일본에는 유학생만이 가지 않았다. 한국 사람은 노동자가 되었다. 일본에 가서 노동자가 된 한국인은 1920년대의 경우는 직공, 광부, 토건인부 등이었다. 절대 다수는 토공이었다. 이들의 임금은 일본 사회의 최하였다.

재일한국인 노동자의 생활 상태는 '비참'이었다. 어떻게 살 수 있었는지 의문이다.

이들 재일한국인은 도쿄(東京)를 비롯하여 오사카(大阪), 고베(神戶), 교토(京都)를 비롯한 대도시에 주로 살았다. 일본에 간 한국 사람은 본인 이름으로 집을 빌려 사용하는 것이 불가능했다. 집주인들은 여러 이유를 들어 임대를 거부했다. 이들이 살고 있던 곳은 열악한 공간이 대부분이었다.

일본에 간 한국 사람이 최초로 만든 조선부락은 실제로 1909년에 건설되었다. 그 장소는 오사카시 이쿠노구(生野區) 히가시고바시(東小橋) 지역이었다. 도쿄에서 최대의 조선부락은 고토구(江東區)의 후카가와 에다가와초(深川枝川町)와 시오사키초(鹽崎町)가 유명한데 1940년경에는 수백 세대의 재일한국인이 생활했던 것으로 알려져 있다.

일제시대 한국 사람은 도항이 자유롭지 않았다. 통제의 대상으로 일본 경제의 필요에 따라 도항하는 숫자는 달랐다. 특히 1920년대가 되면 한국 사람의 도항은 식민지 조선에 대한 일본의 정책이 배경이었다. 1922년 12월 여행증명제도가 철폐되고, 다음해인 1923년에는 도항증명제가 실시되었다. 1923년 관동대지진으로 파괴된 시가지의 복구를 위해 노동력이 요구되자 일본 정부는 도항증명제를 폐지했다. 1925년 10월부터는 도항저지(제한)가 실시되었다. 1929년 세계공황에 의해 일본 경제가 타격을 받자 한국인 노동자의 단체 모집은 제한되었다.

특히 공항 때 가장 먼저 희생당하는 대상은 경제 기반이 약한 중소영세기업의 노동자이거나 사회적으로 보호 받지 못하는 사람들이다. 재일한국인은 바로 그들이었다.

일제는 침략전쟁을 일으켰다. 이에 따라 강제연행이 일제에 의해 진행되었다. 강제연행이란 일제에 의해 1939년 이후 1945년 8월까지 진행된 인력동원으로, 노무동원, 병력동원, 준병력동원, 여성동원을 통칭한다. 자신들의 필요에 따라 진행된 강제연행은 '모집'하는 방식으로, 그리고 조선총독부의 외곽단체인 조선노무협회가 노동자의 알선, 모집사업의 주체가 되어 '관알선' 등을 통해 진행되었다. 특히 전선의 확대에 따라 노동력 부족이 심각해지자 행정의 강제를 동반하는 강제연행이 진행되었던 것이다. 1944년 9월부터 1945년 8월 패전될 때까지 '국민징용령'이 조선에 적용되었고, 전면적으로 강제연행이 자행되었다. 강제연행에 일제는 처음부터 일관되게 관여했다.

노무동원의 경우, 노동시간은 지켜지지 않았고 강도 높은 노르마가 부과되었다. 한국인은 막장, 가스 발생 또는 낙반사고가 빈발하는 곳에 배치되는 것이 통상적이었다. '반도 놈'이라고 하여 병원에 가서도 치료를 제대로 받지 못하는 일이 허다했다.

중일전쟁이 본격화되자 일제는 의심의 대상이었던 한국인을 병력으로 동원했다. 전장에 한국 사람을 동원했던 것이다. 전쟁터에서는 군인만이 아니라 노동력이 필요했다. 군속이라는 이름으로도 한국 사람을 동원했다. 재일한국인 군속은 비행장이나 철도 건설 현장, 군 관할의 군수공장 노동자 등지에서 일했고 지금도 그 후손이 그 주변에 살고 있다.

강제연행에도 재일한국인은 전면적으로 저항하기도 했다. 노동의 고통과 제국의 구조적 모순은 이들을 투쟁의 길로 인도했다. 강제연행되었던 이들은 현장을 빠져 나왔다. 그리고 강제연행의 현장에서 일제에 대항해 싸우기도 했다.

일본 본토에 대한 공습이 심해지자 재일한국인 가운데 희생자가 나왔다. 지금도 이 문제는 무시되고 있다. 전쟁의 피해, 물자 부족, 식량난 등은 재일한국인의 귀국을 불렀다. 그러나 당시 귀국할 수 있던 사람은 소수였다. 1945년 8월 원자폭탄이 히로시마(廣島)와 나가사키(長崎)에 투하되어 일본은 항복했다. 원자폭탄의 투하로 재일한국인도 피해당했다.

2. 일제시대 재일한국인의 반일운동

일제시대 국내에서 선택한 땅 일본으로 간 재일한국인은 단순히 생활공간만 옮긴 것은 아니었다. 제국 일본의 생활공간에 살면서 그들 재일한국인은 저항적 모습을 보였다. 그것은 식민지 사람으로 불가피한 선택이었는지도 모른다. 고향과 가족을 생각한다면 말이다.

결국 조선에서 일본으로 유학을 간 한국인 유학생은 일본에서 근대적인 지식을 습득하면서 일본의 침략에 비판적인 시각을 갖게 되었다. 이들은 일본에 가서 자연스럽게 반일운동에 나섰던 것이다.

강제병합 이전인 1910년 전부터 일본에 간 한국인은 단체를 만들고 민족의식의 고취에 앞장섰다. 1905년 을사조약이 강제로 체결된 직후 도쿄도립 제1중학에서는 교장의 한국인 학생에 대한 모욕적인 인터뷰에 반대, 동맹휴교를 했다.

1910년대 재일한국인 사회는 국제 정세의 변화에 민감했다고 보인다. 일본에 살기 때문에, 정보의 양이 많았기 때문이었다. 이에 따라 재일한국인 유학생은 본격적으로 반일투쟁을 준비하여 1919년 2월 8일 2·8독립운동을 일으켰다.

1919년 2·8운동은 학우회가 주도했다. 당시 학우회는 회원 사이에 교제를 하지 않는 사람을 '일본의 개'로 취급하는 경향이 있었다. 이것은 자연스럽게 반일의 사상을 공유하는 길이기도 했다. 이 학우회는 기관지 『학지광』을 발간하고, 유학생뿐만 아니라 국내에도 신사상과 반일사상을 널리 알리는 데 일익을 담당했다.

2·8운동을 통해 한국인 유학생은 단련되었다. 투쟁의 과정 속에서 단련된 이들은 소수를 제외하고는 지속적인 항일투쟁의 선봉에 섰다. 1919년 조선에서 3·1운동이 발발하자 도쿄의 한국인 유학생들은 이전에 귀국, 5월 중순까지 국내에서의 운동에 참가했다.

오사카에서도 3·1운동 관련 시위투쟁이 있었다. 3·1운동의 소식을 접하고 오사카의 조선인 유학생은 시위투쟁을 일으켰다. 오사카

덴노지(天王寺) 공원에서 시위가 일어났다.

1920년대 재일한국인은 국내 반일운동과 일본 사회의 민주적 분위기에 따라 다양한 형태로 반일투쟁을 전개했다.

첫째, 재일한국인은 단체 결성을 통해 반일운동을 전개했다. 흑우회, 도쿄조선청년동맹회, 북성회, 일월회, 조선여자삼월회, 신흥과학연구회, 재일본조선노동총동맹, 재일본조선청년동맹, 신간회지회, 근우회지회, 조선인단체협의회, 조선공산당 일본부 등이 조직되었다.

둘째, 청년운동과 노동운동이 활성화되었다. 특히 재일본조선노동총동맹은 재일조선인 노동운동의 구심으로 지역 단위의 분산적 형태의 노동운동 조직들을 결집했다. 이 단체는 노동자계급의 단결, 자본가의 박멸, 자본주의체제의 타도 등을 내걸고 반일운동의 최전선에 있었다.

반면 제국주의 본국인 일본에서 한국인이 모두 반일전선에 서지 않았다. 반민족적 행위를 했던 상애회가 있었다. 1923년 관동대지진 뒷정리 과정에서 성장한 상애회는 박춘금이 주도하여 결성한 단체로 10만 회원을 갖기도 했다.

1920년대 후반 재일한국인 반일운동은 다른 길을 갔다. 노동운동과 반일운동 세력은 민족문제 등에 대한 독자적인 요구를 내걸고 투쟁을 전개했다가 국제공산주의운동, 국제노동운동의 지도로 또 다른 운동의 길을 모색했다. 재일본조선노동총동맹 등의 재일한국인 반일운동세력은 해체 논의를 하고, 실행해 옮겼던 것이다. 당시 해체 논의는 재일한국인 일반 노동자는 알지 못했던 것 같다. 보통 한국인 노동자는 반일운동을 멈추지 않았다.

이런 가운데 재일한국인의 일상적 문제에 주목하면서 시종일관 반일적 입장과 활동을 했던 인물로 김문준이 있다. 그는 제주도 조천리(朝天里)에서 태어났다. 오사카로 가서 고무공장에서 일하면서 노동운동에 참가하여, 재일본조선노동총동맹의 오사카조선노동조합 집행위원 등으로 조직적 활동가가 되었다. 특히 신간회 오사카지회 결성을 주도하면서 좌우합작운동을 전개했다. 일본에 있던 조선노동조합의 일본노동조합전국협의회(이하 전협) 합류에 반대했다. 이로 인해 비판당하기도 했다. 그러나 이후 오사카고무공조합을 전협 일본화학산업노동조합 오사카지부로 개편하는 일을 주도했다. 고무노동자들의 파업을 준비하던 중 치안유지법 위반으로 체포되어 징역 3년 6개월을 언도받기도 했다.

한편 1930년대 일본에서는 다양한 형태의 재일한국인 반일운동이 전개되었다. 첫째, 일본 사회운동과 연대하여 함께 했다. 둘째, 재일한국인만의 독자적인 반일운동이 지속되기도 했다. 이 운동은 민족주의적 경향을 띠는 경우가 많았다. 셋째, 재일한국인의 생활을 지키는 운동이 전개되었다. 생활조합이 활성화되었고, 보통사람의 일상에서 재일한국인은 생활옹호투쟁을 전개했다. 조선무산자진료소가 오사카 거주 재일한국인 사회에서 상당한 역할을 하기도 했다. 이른바 차가운동(借家運動)은 거주권을 획득하기 위한 운동으로, 1920년대 후반부터 발생했다.

일본에서 재일한국인이 정주하면서 자녀교육은 중요해졌다. 재일한국인은 교육기관을 마련하여 아동과 무학자에 대한 교육을 추진하기도 했다.

1934년 일본 정부는 각의결정에 따라 재일한국인을 보다 더 강력하게 통제하고자 했다. 일본 사회로의 동화를 목표로 협화회를 각지에 조직했다. 이 단체는 특고기관과 결합되어, 특고경찰의 대행기관의 역할을 수행했다. 당시 일본 내무성이 주도한 협화사업은 재일한국인의 황국신민화가 본질이었다. 협화회 지부는 경찰서 내에 설치되었고, 지부장은 경찰서장이 겸했다. 협화회의 간부가 되었던 재일한국인은 경찰과 결탁하고, 편의를 제공받으며 특권적 존재로 살았다.

당시 협화회는 수첩으로 재일한국인을 통제했다. 이 수첩은 협화회의 회원증이었다. 45만 장 발행되었다. 본인의 얼굴 사진, 현주소, 직업, 생년월일 등이 기재되어 있었다. 정회원, 세대주와 준회원 세대주에 준하여 일하고 있는 사람으로 나누었다. 준회원은 부인, 아이, 세대주가 아닌 무직자였다. 이들은 배부대상이 아니었다.

재일한국인은 다양한 문화 활동을 했다. 연극, 무용, 문학, 영화, 체육 등에서 조선 내와 다른 생활을 하기도 했다. 오사카 이카이노(猪飼野)의 경우 조선에서 간 공연단이 재일한국인의 시름을 달래주었다. 특히 각종 신문과 잡지 간행에 적극적이었다. 『조선신문』과 『민중시보』는 도쿄와 오사카의 대표적인 지역문제를 다룬 신문이었다. 『민중시보』는 1935년 6월 15일 창간되었다. 처음에는 월 2회 발행되다가 1936년 1월부터는 월 3회 간행되었다. 타블로이드판으로 6~8페이지 분량이었다. 1면이 사설, 정치 사상문제, 2면이 국제문제, 3면이 조선본토 문제, 4~6면이 재일한국인의 사회문제 등을 다루었다.

장혁주, 김용제, 김사량 같이 일본 잡지에 기고하는 재일한국인도 나타났다. 김사량은 1940년 「빛 속으로」로 재일한국인 작가로서는 처음으로 아쿠타가와상(芥川賞) 후보가 되기도 했다.

3. 전후 재일한국인의 일상

재일한국인은 해방되었다. 1945년 8월 15일이 그날이다. 일본의 패망은 재일한국인에게는 해방이었다. 그들은 이 해방을 일본 땅에서 맞이했다. 1945년 8월 일본에는 210만 명 이상의 한국인이 있었다. 식민지 지배 아래 살아야 했던 이들에게 해방은 기쁨이었다.

재일한국인은 귀국을 원했다. 해방의 기쁨 속에서 많은 사람이 귀국을 희망했다. 패전한 일본 정부는 일정하게 귀국을 주선해 주기도 했다. 이런 조치는 귀국을 희망하여 서두르는 재일한국인을 만족시키지는 못했다. 해방 이후 약 1년 동안 100만 명에 가까운 재일한국인이 귀국했다. 재일한국인은 기다리고 있지 않고 사선을 이용한 귀국을 추진하기도 했다.

그러나 일본 땅에는 남은 재일한국인이 존재했다. 문제는 일본을 점령한 GHQ는 제국 일본이 남긴 재일한국인 문제 해결을 계승했던 사실이다. 그들은 재일한국인의 존재는 알고 있었다. 이 문제에 대처할 정책을 준비하고 있지는 않았다. 소극적이었다. 이후 GHQ는 재일한국인을 해방 국민으로 취급하지만 적국민으로 취급할 수 있다고 발표했다. GHQ는 확고한 방침이 없었던 것이다.

일본 정부는 1947년 2월 외국인 등록령을 시행했다. 이에 따라 조선인과 대만인을 당분간 외국인으로 간주한다고 하여 외국인등록이 의무화되었다. 이에 따라 재일한국인은 일본국적의 외국인이 되었다. 그리고 외국인등록증을 휴대해야 했고, 3년마다 갱신해야 했다.

패전 이후 일본에서는 소비재, 생활물자 등의 부족으로 암시장이 자연스럽게 발생했다. 재일한국인은 일본인, 중국인과 함께 암시장에서 쌀이나 술 등을 밀매했다. 암시장은 재일한국인에게는 살아가는 데 필요한 최소한의 수단이었다. 1950년대까지 재일한국인은 고물수집상을 많이 했다. 파칭코, 한국식당 등을 하면서 생활을 했다. 문제는 이런 경제활동 분야에 아직도 재일한국인이 다수라는 점이다. 재일한국인은 대학을 졸업해도 일본 기업에 취직할 수 없었다. 공영주택의 입주, 국민건강보험의 가입 등을 거절당했다.

도쿄, 요코하마, 오사카, 교토, 효고 등지에서는 재일한국인이 단체를 만들었다. 여기에는 일제시대 반일운동의 경험이 주요하게 작용했을 것이다. 일단은 귀환지원과 생활방위를 목적으로 각종 단체가 결성되었다. 일본이라는 지역에 살고 있었기 때문에 새로운 구심체가 필요했고, 재일본조선인연맹(이하 조련)이 그 역할을 했다.

조련은 신조선 건설에의 공헌, 세계 평화, 재류동포의 생활 안정,

귀국동포에의 지원, 일본 국민과의 상호 우의, 대동단결 등을 강령으로 했다. 그리고 조직의 강화, 귀국사업, 민족교육, 강제연행자 보상 처리 등에도 적극적이었다. 1946년 8월 지방 본부가 47개, 그 지부가 540개로 조련은 강력한 대중단체가 되었다.

해방 공간에서 1950년대 중반까지 재일한국인 사회는 단체가 지속적으로 나타났다. 재일한국인은 조선건국촉진청년동맹(이하 건청)과 신조선건설동맹(이하 건동)을 결성했다. 재일본조선거류민단이 결성되었다. 그리고 조련의 강제 해산 이후 재일한국인 운동을 이끌어 나가기 위한 모체로 재일조선통일민주전선(이하 민전)이 결성되었던 역사가 있다. 약 5년 동안의 민전 활동 이후 재일본조선인총련합회(이하 총련)가 결성되었다.

실제로 해방공간 일본에 남은 재일한국인은 언젠가 조국으로 돌아간다는 의지가 강했다. 그렇게 하기 위해서는 아이들에게 우리말을 가르칠 필요가 있었다. 이를 위해 일본 각지에 민족학교가 설립되었다. 1948년 4월에는 학교가 600여 개, 학생은 5만 8천여 명이었던 일도 사실이다.

재일한국인에 의한 민족교육이 활성화되자 일본 정부는 통달('조선학교 설립의 취지에 대해서')에 복종하지 않으면 학교를 강제로 폐쇄시키겠다고 강제했다. 이른바 1948년 4·24한신교육투쟁이 일어났다. 재일한국인은 전면 투쟁에 돌입했다.

재일한국인의 민족교육에 대한 탄압에 처음으로 반대투쟁이 크게 일어났던 곳은 야마구치현(山口縣)이었다. 그리고 히로시마(廣島), 오카야마(岡山), 효고(兵庫), 오사카 등지에서도 투쟁이 있었다. 오사카에서는 부청 앞의 오테마에(大手前) 공원에서 조선인학교 폐쇄 반대와 교육 자주권 옹호를 위한 인민대회가 개최되었다. 3만여 명이 모였다.

고베(神戸) 시내에서는 4월 7일 조선인학교 폐쇄 명령이 발령되었다. 여기에 대항하여 투쟁이 지속되었다. 특히 4월 24일 조선인학교 폐쇄에 항의하여 조선인들이 효고현청 앞에 모였다. 그리고 '학교 폐쇄 명령 철회'를 지사에게 요구했다. 1948년 4·24한신교육투쟁이 일어났던 것이다. 이 사건은 많은 희생을 치렀다. 확인 가능한 내용을 보면 부상자 150명, 사망자 1명 등이었다. 그러나 5월 3일 조선인교육대책위원회 책임자와 문부대신 간에 "교육기본법과 학교교육법을 따른다", "사립학교의 자주성 범위 내에서 조선인의 독자적인 교육을 행하는 것을 전제로 사립학교로서의 인가를 신청한다"는 각서가 교환되었다. 그리고 이듬해인 1949년의 탄압 때까지 '조선학교'는 지켜졌다. 1949년 10월 다시 학교 폐쇄 명령이 내려져 전국 대부분의 '조선학교'가 폐쇄되었다. 1949년 11월 4일 제2차에 걸쳐 대대적인 조선학교 폐쇄조치가 발령되었다. 이 조선학교의 폐쇄는 주로 조련계 학교를 주요 대상으로 했지만, 동시에 민단계 조선학교도 폐쇄의 대상에 포함되었다.

4·24한신교육투쟁으로 재일한국인은 희생을 치렀다. 그럼에도 불구하고 현재 재일한국인은 여러 형태로 민족교육을 하고 있다. 일본학교 내에 들어가 민족학급운동을 전개해 온 역사도 있다.

재일한국인에게 민족교육 문제와 함께 큰 반향을 일으킨 사건이 이른바 '북송문제'였다. 1958년 북한과 일본의 적십자사 사이에 협정이 맺어졌다. 그 협정은 「재일조선인 귀환에 관한 협정」으로, 이에 따라 재일한국인은 북한으로 갔다. 1984년 제186차까지 총 9만 3천 3백여 명이 북한으로 갔다. 당시 일본 정부는 재일한국인을 영토 밖으로 내보내고 싶었던 것 같다. 북한도 노동자와 기술자가 결정적으로 필요했다고 보여진다.

4. 최근 재일한국인

재일한국인 사회는 역사적으로 형성되어 왔다. 따라서 다양한 재일한국인 사회는 역사성을 갖고 있는 현안들이 산재해 있다. 그리고 투쟁하여 승리하기도 했다.

시간적 흐름 속에서 볼 때, 일본 학교를 다닌 재일한국인 2세는 1970년대부터 등장했다. 일본 학교를 다녔고 그곳에서 인권과 민주주의에 대해 배웠다. 재일한국인 2세는 권리획득운동을 했다. 1970년의 히다치(日立) 취직차별사건을 계기로 일반 시민 사이에서 폭넓게 전개되기 시작했던 역사는 많이 알려져 있다. 박종석은 재판을 통해 취업의 차별문제를 해결하고자 했다. 12차례에 걸친 공판 끝에 1974년에 요코하마지방재판소는 재일한국인의 '통명(일본식 이름)' 사용이 해고의 이유가 될 수 없다는 판결을 내렸다. 1970년대 재일한국인의 차별에 대항하여 승리한 운동은 사법연수생에 대한 국적조항 철폐운동이었다. 그 주인공은 김경득(金敬得)이다. 김경득의 경우 사법시험에 합격한 뒤 사법연수생이 되는 것이 당연했다. 그러나 유감스럽게도 김경득의 관련 서류가 보류되었고, 일본에 귀화해야 한다는 조건이 붙여졌다. 1977년 3월 일본의 최고재판소는 "일본 국적이 없다는 것을 이유로 채용하지 않아서는 안 된다"고 결정했다.

1980년대 재일한국인은 지문날인 거부운동을 전개했다. 지문 날인의 날은 '굴욕의 날인'이었다. 재일한국인의 지문날인 거부자는 해가 갈수록 늘어났다. 2000년 4월 지문날인 제도는 완전히 폐지되었다.

1970년대 후반부터 1980년대 중반을 거쳐 재일(在日), 즉 일본에 사는 것이 사상과 논의의 전기가 되었다. 논쟁이 전개되었다. 이와 함께 1990년대 이후 재일한국인 사회는 변했다. 본격적으로 3, 4세의 시대를 맞이했다. 세대교체와 일본 정주를 생각하는 '방향 전환'이 표면화되어 갔다. 재일한국인 중 일본으로 귀화하는 사람이 증가했다. 현재 재일한국인의 한국국적 취득자의 증가와 함께 총련의 가맹자는 감소하고 있다.

재일한국인의 정주화 과정 속에서 주목했던 문제 중의 하나가 참정권 문제이다. 참정권을 재일한국인 사회에서 요구하기 시작한 것은 1990년대 초이다. 실제로 지방 참정권을 요구하는 목소리가 재일한국인 속에서 과제로 떠오르게 된 것은 1980년대 후반으로 민단은 납세의 의무를 지고 있는 사람의 당연한 권리로서 지방선거에 참여를 요구한다고 했다. 이는 재일한국인의 민족 조직이 지방 참정권 요구를 표명한 최초의 목소리라고 할 수 있다.

참정권 요구에 대해 재일한국인 사회 내에서 찬반양론이 있었다. 그러나 지방참정권획득운동이 전진한 것은 1990년 9월 11명의 재일한국인이 재판을 제기한 일이었다고 보인다. 당시 일본의 최고재판소는 "정주 외국인에게 지방 참정권을 주는 것을 헌법이 금하고 있지 않다"는 판결을 내렸다. 이것이 계기가 되어 지방참정권획득운동이 활발해졌다.

1993년에는 오사카부 기시와다시(岸和田市) 의회에서 '정주 외국인에 대한 지방 참정권을 포함한 인권 보장에 관한 요망 결의'가 가결되었다. 이를 비롯하여 민단 등에 의한 청원 활동이 전국적으로 전개되었다. 일본 내 정주 외국인의 참정권을 인정하는 결의와 의견서가 전국적으로 확대되었다. 그러나 이 문제는 계속 진행형이다.

해방공간의 귀국과 달리 박정희 정부가 들어선 이후 한국으로 온 재일한국인은 다른 생각을 갖고 본국을 선택했다. 이들은 경제개발과 관련하여 자본 투자에 나섰던 사람이다. 이들은 구로공단 설립의 아이디어를 냈고, 이를 전면에서 지원했다. 최근 국내에서도 재일한국인은 기업, 스포츠, 연예계뿐만 아니라 각종 문화사업과 학교를 설립하여 운영하고 있다.

실제로 일본 사회 내에서 재일한국인 기업은 성장을 지속했다. 일본 사회에서 주목되는 재일한국인 기업으로는 소프트뱅크, 신한은행, 롯데, 다이와제관(大和製罐), 헤이와(平和), 마루한, MK택시 등을 들

수 있다. 물론 일본 경제계에서는 파칭코, 야키니쿠, 고무신발산업 등에서는 재일한국인의 역할을 무시할 수는 없다. 전후 일본의 노동시장에서 배제된 재일한국인은 소자본을 밑천으로 자영업을 하는 수밖에 살아갈 방도가 없었다. 현재도 재일한국인은 금융업, 부동산업, 노래방 사업 등에도 진출해 있는 것이 사실이다. 이른바 적은 자본을 투하하여 수익이 큰 업종으로 전업하거나 창업하는 경향이 강하다고 할 수 있다.

서울올림픽 이후 한국의 해외여행 자유화는 일본 내 한국인의 왕래를 적극화했다. 재일한국인 사회에 이른바 뉴커머가 등장하게 했다. 이들은 2001년 5월 재일본한국인연합회를 결성했다. 친목 도모, 한국어 교육, 일본 사회 기여 등을 설립 목적으로 했다.

한편 일본에서는 전면적으로 재일한국인을 반대하는 그룹이 등장했다. 그들은 혐한 시위를 주도했다. 혐한 시위가 본격적으로 전개된 것은 2006년 1월이었다. '재일 특권을 허용하지 않는 시민 모임(재특회)'이 결성되면서부터다. 이 단체는 회원 수가 1만 4천 명이 넘기도 했다.

현재 재일한국인은 여러 국적을 갖고 있다. 그럼에도 불구하고 일부의 경우는 제사와 결혼, 장례 등에서는 민족적 특성이 남아 있다. 그리고 이런 민족적 특성은 세대가 거듭되면서 약하지만 존속되고 있다. 지금도 남북한 한반도에 끊임없이 애정을 표현하고 있다.

재일한국인은 역사적 존재이다. 한일 간의 식민지 과거사와 관련된 여러 문제 가운데 그 실상에 주목되는 존재가 바로 이들이다. 재일한국인의 문제에 대한 한일 양국의 대응 양상이 바로 양국의 한일 간 현재를 바라보고 대응하는 구체적인 구성체라고 할 수 있다.

참고문헌

朴慶植,『在日朝鮮人運動史-8·15解放前』, 三一書房, 1979.

朴慶植,『在日朝鮮人運動史-8·15解放後』, 三一書房, 1989.

김인덕,『식민지시대 재일조선인운동 연구』, 국학자료원, 1996.

김인덕,『우리는 조센진이 아니다』(서해역사문고 4), 서해문집, 2004.

도노무라 마사루 지음, 김인덕·신유원 옮김,『재일조선인 사회의 역사학적 연구』, 논형, 2010.

성시열 외 지음,『교토·오사카와 함께 하는 한국사』, 일본 교토국제학원, 일본 오사카 금강학원소중고등학교, 2014.

김인덕,「일본 재외한인 이주사」,『기록으로 보는 재외한인의 역사(이주와 정착 그리고 발전의 시간들-아시아)』, 국가기록원, 2016.

4

1923년 9월 1일, 그날 도쿄지역에서 무슨 일이 있었는가

강효숙

1. 들어가는 글

　지구상 모든 지역에서는 매일같이 크건 작건 수많은 사건들이 발생하고 있으며, 그 대부분은 일시적 혹은 영구 상태로 역사 속에 파묻히거나 사라진다. 물론 극히 일부는 중요한 역사적 사건으로 연구되어 향후 인류의 행보에 도움이 되는 귀중한 반성과 방향제시의 자료로 제공되고 있다. 반면 일부는 중요한 역사적 사건임에도 불구하고 의도적으로 은폐되거나 여러 이유로 인한 무관심 속에 사장되기도 하고 혹은 더 깊은 골속에 갇혀버리기도 한다.

　이 글에서는 시기적으로 일제의 식민지 통치 하에 있던 '1923년 9월 1일'이라는 일자에 초점을 맞추어, 바로 그날, 한국도 아닌, 한국을 식민통치하고 있던 제국주의 일본의 수도인 도쿄를 중심으로 한 간토(關東)지역에서 무슨 일이 있었는지에 대해 알아보고자 한다.

　굳이 이 일자와 이 지역에 구애받는 이유는 대지진이라는 자연재해를 이용하여 국가 비상시에 발령하는 계엄령을 선포하고 자국 내에 거주하는 타민족인 조선인을 학살하는 세계 역사상 유례가 없는 대사건이, 바로 이날, 이 지역에서 발생했기 때문이다. 또한, 이 사건과 관련하여 1923년 당시 상해임시정부의 요청을 제외하고 사건 발생 94년이 지난 현재에 이르기까지 한국 정부로부터 일본 정부에 대한 공식적인 관련 정보 제공 요청이 단 한 차례도 없었다는 사실도 크게 작용하고 있다.

일본 정부의 적극적인 관여 하에 일본군·경·민에 의해 자행된 조선인 학살자 수는 무려 6,661명에 이른다. 이는 이미 오래 전부터 한일 학계가 인정한 숫자이다. 그러나 이 가운데 일본 정부가 공식적으로 발표한 신원이 규명된 조선인은 단 한 명도 존재하지 않는다. 조선인 대학살사건이 국제적 문제가 될 것을 두려워 한 일본 정부는 첫 매장 장소에서 조선인 유골을 파헤쳐 이장하거나 달리 처리하였는데, 그에 대한 정보를 비롯하여 학살 장소와 원 매장 장소에 대해서도 공개한 바 없으며 단 한 구의 유해도 유족에게 전해진 바가 없다.

다행스러운 것은, 해방 이후 재일동포 연구자인 강덕상, 금병동 등을 비롯하여 일부 일본 학계 연구자들의 노력으로 본격적인 조사와 연구가 시작되었다는 점이다. 연구 초기 일본군·경·민에 의한 조선인 학살 사건은 역으로 '조선인 소요(朝鮮人さわぎ)'라 칭해지는 수모를 당해야만 했지만, 1960년에 이르러 조심스레 '조선인 박해'로 용어가 바뀌었고, 1963년 7월에 '조선인 피해자', '조선인 학살'로 용어가 발표된 이후 일본학계의 이의제기 없이 학계 공식용어로 자리 잡

게 되었다. 6,661명이 학살당한 대사건이 객관적인 사료·구술·현장 조사 등 검증을 통해 비로소 제대로 된 용어를 사용할 수 있게 된 것이다. 그 후 피해자 수, 학살의 실태, 계엄령, 일본 정부의 움직임, 일본 사회의 분위기 등을 가능한 객관적, 실체적으로 규명하고자 하는 연구가 지속되어 왔고, 최근에는 일본 정부와 일본 국민에게 그 책임을 묻는 현실적인 문제로까지 발전하였다.

한편 1970년대에 들어서는 간토 지역의 시민단체가 지역의 관련 사건을 객관적으로 규명하기 위해 추모사업 실행단체를 조직하여 지역 주민이라는 이점을 살려 관련 자료 조사와 더불어 보다 생생한 구술 조사와 현장 답사를 충실하게 수행하면서 매년 9월 1일을 전후하여 기념행사를 개최하고 있다. 현재는 연구자와 지역 시민이 연대한 조사 연구 체제에 일본변호사연합회의 법률적 활동이 더해져서 종합적이면서 현실적인 연구가 진행되고 있다.

그동안 사건이 발생한 현장이 한국이 아닌 일본이라는 제한적인 요소가 작용하여 한국 역사학계의 관련 연구가 이뤄지지 못한 것이 사실이다. 1923년 9월 1일 도쿄 지역에서 발생한 6,661명의 조선인 대학살 사건은 한국 정부와 학계의 관심과 주목을 받지 못한 채 한국 대중들의 인식이나 관심 밖에서 잊혀져가는 '역사적 대사건'에 불과하였다. 그러나 2000년대 들어 관심을 가진 시민단체가 등장하였고, 지난 2013년에는 90주년을 맞이하여 정부소속 연구단체 지원으로 관련 국제학술대회가 개최되어 언론을 통해 일반인들에게도 이 사건이 다소나마 알려지게 되었다. 2016년 8월에는 일부 연구자와 시민단체가 연대하여 국제적인 성격의 관련 행사가 1박 2일로 서울 시청과 광화문 광장에서 개최되기에 이르렀고, 이 행사는 앞으로 지속될 것으로 기대되고 있다.

한편, 2013년 11월 도쿄의 주일 대한민국대사관 이전 과정에서 「일본 진재시 피살자 명부 사본」이 발견되어 일시적이나마 한국 대중의 관심이 다소 높아졌다. 2014년 1월에는 일본 외무성 외교사료관에서 간토대지진 당시 중국인 희생자 명부가 발견되었고, 3월 6일에는 일본 곤코부사(金剛峯寺, 和歌山県 伊都郡 高野町) 영패당 지하에 보존되어 있던 『관동진재앙사자명부(関東震災殃死者名簿)』가 공개되어 현재 일본학계에서는 발굴된 사료 분석을 통한 연구 결과물이 일부 발표되거나 연구가 진행되고 있다. 도쿄 료코쿠(兩國) 요코아미쵸(横網町)의 도쿄 위례당에 보존되어 있는 명부에 대한 조사도 속속 진행되고 있는 상황이다.

이처럼 2013년 이후 한일 학계에서는 새로이 발굴된 사료 등을 중심으로 관련 연구가 활발하게 진행되고 있고, 특히 한국에서 연구자와 시민단체의 연대 활동이 두드러지고 있다.

과연 1923년 9월 1일, 그날, 도쿄 지역에서는 무슨 일이 있었던 것인가? 간단히 살펴보기로 한다.

2. 대지진과 조선인 학살의 시작

1923년 9월 1일 오전 11시 58분, 도쿄를 중심으로 사이타마현(埼玉縣)·지바현(千葉縣)·가나가와현(神奈川縣)·이바라키현(茨城縣)·도치키현(栃木縣)·군마현(群馬縣) 지역에 M7.9의 대지진이 발생하였다. 마침 점심식사를 준비하고 있던 시각에 발생한 대지진으로 인해 99,331명의 사망자가 발생하였고, 12만 8,266호의 가옥이 전파되었으며, 12만 6,233호가 반파, 44만 7,128호의 가옥이 소실되었다.

주거지가 엉망으로 파괴되고 연이어 발생하는 화재와 날아다니는 불덩이 속에서 생명 보존에 대한 불안감이 더해가는 상황 속에서 있었다. 9월 1일 오후 1시경부터 조선인이 방화한다거나 우물에 독을 푼다는 등의 유언비어가 일본인들 사이에 퍼지더니, 9월 2일 일본 정부로부터 계엄령이 선포되었고, 다음 날에는 계엄지역이 도쿄부, 가나가와현 전역으로 확대되어 갔다.

계엄령 선포는 9월 1일 오후 1시경부터 퍼져나간 조선인 관련 유언비어에 대한 일본 민중들의 경계심을 더욱 고조시켰고, 9월 3일 이후 경찰 관계자와 공무원, 우편국과 전신국 관계자 등 계엄령을 충실하게 수행하는 치안 행위가 오히려 일본 민중들을 더욱 불안하게 만들었다. 일부 경찰은 민중에게 자경단을 조직하도록 종용하였고, 한편에서는 민중 스스로 자경단을 조직하여 참혹한 조선인 학살로 연결되어 갔다. 또 일본 정부의 계엄령 선포는 당시 일본 민중으로 하여금 조선인 학살을 조선인 유언비어에 대한 방비라고 정당화하는 행위로 착각하게 만들었다.

한 민족의 타민족 학살, 같은 민중의 민중 학살이라는 참혹한 근대 역사가 위법적 유언비어와 계엄령 선포로 인해 발생한 것이다.

1923년 9월 2일 일본 정부는 자연재해를 이용한 타민족 학살을 계획하고 계엄령을 선포한 것이다. 세계 근대사에 있어 유일한 사건이다. 그 대상은 9월 1일 대지진이 발생한지 겨우 1시간 정도 지난 오후 1시경부터 퍼지기 시작한 유언비어의 목표인 조선인이었다.

사실 당시 일본 정부가 선포한 계엄령은 1882년 8월 5일 태정관 포고 제36호로 제정된 것으로 "전시 혹은 사변 시의 병비(兵備)로써 전국 혹은 한 지방을 경계하는 법"으로 규정되어 있었다. 계엄 선포는 전시 또는 사변을 조건으로 하고 있었고, 대외 방비를 위한 비상법으로 제정된 것임을 알 수 있다. 계엄은 전쟁이나 사변과 같은 혼란 상태를 전제로 적으로부터의 공격에 대처하기 위해 행정권 등의 집행을 정지시키고, "병력으로써" 군에게 국민생활을 통괄하게 하는 것이다. 자연재해를 빙자한 계엄령 선포는 일본 정부 스스로 법을 위반하는 것이었다. 또한 추밀원의 자문조차 받지 않은 상태에서 관보가 아닌 호외로서 선포되는 위법성을 내포하고 있기도 하였다.

어찌되었든 계엄령 선포 후 실행의 주체는 가장 먼저 군에서부터 나타났다. 일본군 사료인 『관동계엄사령부상보 제3권(関東戒嚴司令部詳報 第三卷)』 가운데 「제4장 행정 및 사법업무(第四章 行政及司法業務)」의 「제3절 부록」의 부표(付表) 「진재경비를 위해 병기를 사용하게 한 사건조사표(震災警備の爲兵器を使用せる事件調査表)」(자료1) 및 『진재 후의 형

사사범 및 이와 관련된 사항조사서(震災後に於ける刑事事犯及之に関聯する事項調査書)』가운데, 「제10장 군대 행위에 대해(第十章 軍隊の行爲に就いて)」의 「제4 지바현에서의 살해사건(第四 千葉県下における殺害事件)」(자료2)에서 일본 군대에 의한 조선인 학살사건이 확인된다. 두 자료에 의하면 일본군에 의한 조선인 학살 건수는 12건이며, 피학살 조선인 수는 적어도 수십 명에 이른다. 위의 자료2에 따르면, 지바지방재판소 관내에서 조선인을 살상한 범인을 검거하여 심리해보니 군인이 살해 행위를 했다고 밀고를 한 자가 확인되기도 한다.

일본군에 의한 최초의 조선인 학살은 사실 9월 1일 도쿄에서 발생하였다. 그러나 이는 외박 휴가 중이던 군인에 의한 것으로, 직접 군 명령에 유도되어 자행된 것은 아니다. 따라서 계엄령 반포 이후 최초의 사건은 9월 2일 지바현 미나미 코도쿠무라(南行德村) 시모에도가와 다리 끝(下江戸川橋際)에서 발생한 것이라 할 수 있고, 이후 지바현의 다른 지역으로 전개되어 점차 도쿄로 확산되어 갔다.

일본군 자료에는 조선인으로 보이는 사람을 야경청년단이 추적하고, 일본군이 칼로 찌르고 사살하는 장면이 담담하게 기술되어 있기도 하다. 현재 일본 정부 사료에서 확인되는 일본군에 의한 조선인 학살 사건은 아래 〈표〉와 같다.

일본군의 조선인 학살

일자	장소	사건 개요(근거 자료)
9. 1	東京府 月島 4 丁目付近	외박 휴가 중인 병사가 조선인 1명을 때려 죽임(撲殺)(자료 1)

9.3	東京府 両国橋西詰付近	병사 1명이 조선인 1명을 사살(자료 1)
9.3	東京府 下谷区 三輪町45番地電車道路上	병사 1명이 조선인 1명을 찔러 죽임(刺殺) (자료 1)
9.3	東京府 大島町 3丁目付近	병사 3명이 조선인 3명을 총목으로 구타한 것을 기회로 군중·경찰관과 투쟁이 일어나 조선인 200명이 살해당함(자료 1)
9.3	東京府 永代橋付近	병사 3명이 조선인 17명을 사살(자료 1)
9.3	東京府 大島 丸八橋付近	병사 6명이 조선인 6명을 사살(자료 1)
9.3	東京府 亀戸駅構内	병사 1명이 조선인 1명을 사살(자료 1)
9.2	千葉県 南行徳村 下江戸川橋際	기병 15연대 병사 2명이 조선인 1명을 사살 (자료 1)
9.3	千葉県 浦安町 役場前	병사 1명이 조선인 3며명을 사살(자료1·2)
9.4	千葉県 松戸地先葛飾橋上	장교 1명이 병사 1명에게 명하여 조선인 1명을 사살(자료1·2)
9.4	千葉県 南行徳村 下江戸川橋北詰	군조 1명이 병사 2명에게 명하여 조선인 2명을 사살(자료1·2)
9.4	千葉県 南行徳村 下江戸川橋北詰	1명의 군조가 병사 2명에게 명하여 조선인 5명을 사살(자료1·2)

위 〈표〉에서 알 수 있듯이 군에 의한 조선인 학살은 도쿄와 지바현을 중심으로 자행된 것이 특징이라 할 수 있다.

참고로 일본 경찰에 의한 조선인 학살은 사건 당시부터 일본 정부가 철저하게 감시, 관리하여 국내외 연구자 어느 누구도 관련 경찰자료를 접할 수 없어 객관적으로 연구된 것이 없다. 다만 구술 조사를 통해 가나가와 현에서도 자행되었던 것이 확인되고 있을 뿐이다. 앞으로 한국 정부가 일본 정부에 대해 요구해야 할 중요한 자료다.

3. 조선인 학살을 선동한 유언비어, 그리고 학살자 수

1923년 9월 1일 이후 대지진을 빙자한 조선인 학살은 사실 일본 군이나 경찰보다 일본 민중에 의해 더 많이 자행되었는데, 일본 민중을 잔인한 괴물로 탄생시킨 주범은 유언비어였다. 대지진이 발생하고 한 시간 남짓 지난 후부터 조선인의 방화, 폭탄소지 및 투척, 우물에의 독극물 투입 등의 유언비어가 도쿄 지역에 퍼지기 시작하였고, 이 유언비어가 마치 사실인 것처럼 다음날에는 조선인을 주 대상으로 한 계엄령이 선포되었다. 그리고 계엄령 선포 이튿날부터는 조선인 관련 유언비어가 본격적으로 전국으로 확산되어 가는 구도 속에서 일본 민중의 생존에 대한 불안감은 나날이 증폭되어 갔다.

사실 당시의 경찰 문서에는 조선인의 그와 같은 행적은 없다고 기록되어 있다. 그럼에도 불구하고 조선인 관련 유언비어는 9월 3일 오전 8시 15분, 지바현 후나바시(船橋) 송신소에 전달된 내무성 경보국장의 지시가 타전되면서 본격적으로 일본 전국과 조선총독부로 확산되어 갔는데, 그 내용은 다음과 같다.

도쿄 부근의 진재를 이용하여 조선인은 각지에서 방화하고, 불령(불순)한 목적을 수행하기 위해 현재 도쿄 시내에서 폭탄을 소지하거나 석유를 끼얹는 자가 있다. 이미 도쿄 부에서는 일부 계엄령을 시행하는 까닭에 각지에서 충분하고 치밀하게 시찰하여, 조선인의 행동에 대해서는 엄밀한 조사를 가하였다.

계엄령이 선포되면서 조선인 관련 유언비어를 일본 정부가 앞서
서 적극적으로 전파했으며, 동시에 이를 빙자하여 조선인에 대한 "엄
밀한 조사"가 이뤄지고 있다는 것을 알 수 있다. 그런데 여기에서 주
목해야 할 점은 이 전보의 난외(欄外)에 "이 전보를 기전(騎傳)이 가져
온 것은 2일 오후로 기억한다"고 기록되어 있는 점이다. 당시 대지진
으로 인해 도쿄와 치바를 연결하는 대부분의 교통시설이 붕괴되어,
도쿄의 중앙정부에서 지바현 후나바시의 송신소에 보내는 전령은 기
전사자(騎傳使者)밖에 없었다는 상황을 고려하면, 내무성 경보국장으
로부터 이러한 타전 지시가 이루어진 것은 9월 2일 오후보다 앞선 것
으로 보인다. 계엄령 반포와 앞뒤로 맞물려 이루어진 것으로 판단된
다.

어찌되었든, 이미 일본 경찰이 "유언비어"임을 확인했음에도 불구
하고 앞서 기술하였듯이 위법성을 지닌 당시의 계엄령 선포에 이은
일본 정부에 의한 본격적인 조선인 관련 유언비어 전파는 간토지역
뿐 아니라 전국의 일본 민중으로 하여금 조선인에 대한 위기의식을
고취시켰고, 결국은 일본 경찰의 종용에 힘입어 혹은 일본 민중 자생
적으로 조선인으로부터 스스로를 보호하기 위한 차원의 자경단을 결
성하게 하였다.

그런데 여기에서 간과해서는 안 되는 점은 당시 자경단원들이 조
선인 학살을 정당행위로서 이해하고 있었다는 것이다. 이는 관련 판

결문에서 많은 부분 확인된다.

신문기사를 통해 자경단의 조선인 학살 실상을 살펴보기로 하자. 『도쿄니치니치신문(東京日々新聞)』 1923년 10월 21일자에는 지바현 후나바시마치(船橋町) 학살에 대해 "조선인의 행위 불명에 대해 초조해진 후나바시 자경단을 비롯한 야사카에무라(八榮村) 자경단 등 약 150명은… 전부를 살해"와 "호도가야(保土ヶ谷) 구보야마(久保山) 방면에서 행해진 청년회 자경단 등의 살인사건에 관한 상세 청취" 등이 보도되었다. 마찬가지로 『요미우리신문(読売新聞)』도 동년 10월 21일자에 가나가와현의 "고야스(子安) 자경단원 대부분은 일본도를 휘두르며 자동차로 달려가…50여 명의 조선인은 사체가 되어 철도선로에 유기되었다"고 보도하였고, 『고쿠밍신문(国民新聞)』 동년 10월 21일자는 "폭행 자경단원 및 음모 사건의 범인 검거"를 보도하는 등 당시 다수의 신문기사가 자경단에 의한 조선인 학살을 보도하였다.

군마(群馬)현 후지오카(藤岡) 사건 관련 판결문에는 군마현 자경단의 조선인 학살 상황이 다음과 같이 상세하게 기록되어 있다.

1923년 9월 도쿄, 요코하마 및 부근 지역 일대를 습격한 격진은 여러 곳에서 화재를 일으켜 처참함이 극에 달하였다. 군마현에서도 역시 신에츠선(信越線)을 경유한 피난민이 시시각각 증가하여 인심이 흉흉하였다. 당시 도쿄와 요코하마의 혼란을 틈타 조선인 가운데 일부 불령(불순)한 무리가 방화, 살인, 강도, 강간 등 범행을 저지르고, 또 음료수에 독약을 투입하려고 한 사실이 있어, 이를 친히 목격하거나 혹은 들어서 아는 몇 명인가의 피난민이 있고, 진재 후 상경한 다수의 군마현민은 열차가 통과한 신에츠선의 각역과 기타 등지에서 자주 이러한 내용을 들었을 뿐만 아니라 유언비어 또한 자주 전해져, 현 내에 거주하고 있는 일반 조선인에 대해 극도의 불안을 느끼고, 동월 3일경 이후 각 지역에서는 자경단을 조직하였는데, 피고인 등은 거주하는 같은 현 내의 타노군(多野郡) 후지오카마치(藤岡町) 및 그 부근의 정·촌(町·村)에서 또한 마찬가지로 자경단을 조직하여 각자 경비하였다.

먼저 동년 9월 5일 동군 후지오카 경찰서는 당시 조선인 등의 불령(불순)행위를 두려워하는 동 지방민이 혹시 불온한 행위를 할 것을 우려하여, 동군 신마치(新町) 부근에 거주하는 조선인 신명개(辛命介) 외 16명을 동서(同署)에서 검속 보호하는 동시에 그 행동을 조사하던 중, 동일 오후 8시경 다음에 기록한 피고인 등을 비롯하여 수백 명의 군중은 자경용의 죽창, 곤봉, 쇠갈고리(鳶口)*, 일본도, 수창(手槍) 혹은 엽총 등을 갖추고 동서로 밀려들어와 근무 중이던 순사부장 고미야 쇼조(小宮正三) 외 6명에게 전에 동서(同署)가 동군(同郡) 오니시마치(鬼石町)의 자경단에서 인도한 조선인 한 명을 돌려보낸 것을 힐난한 후, 이와 같은 경찰서에 조선인을 맡기는 것은 위험하다고 하면서 조선인을 (자경단에게 : 필자) 인도할 것을 재촉하였다. 또 지금 조선인이 몇 명 있는지 거짓말을 하지 마라, 도주하게 한 것은 무슨 일이냐는 등, 제 각각 부르

---

* 목조 건물을 부술 때 사용하는 쇠갈고리로, 끝이 독수리나 매의 부리처럼 생겼으며, 건물 중 나무부분을 찍어 앞으로 잡아당기거나 하여 부수는 도구이다.

짖으면서 전술한 경찰관 등에게 위해를 가할 기세를 보이더니 결국 시시각각으로 늘어난 군중은 살기가 넘쳐 경찰서 유치장 부근의 판자벽을 파괴하고 경찰서 유치장 앞에 쇄도하여 감시 순사를 돌파한 후에 유치장 안에서 검속 중인 전술한 조선인 중 이재호(李在浩)를 제외한 기타 16명을 끌어내어 그들을 살해하고, 유치장 지붕을 파괴하는 등 폭행, 협박을 마음대로 하고 소동을 일으켰다.

즉, 후지오카 경찰서에서는 조선인의 "불령"행위를 두려워해 지역 주민들이 소동을 일으키는 것을 막기 위해 조선인 17명을 "검속"하여 두었는데, 수백 명의 지역 주민들이 후지오카 경찰서 유치장에 난입하여 17명의 조선인 중 이재호(李在浩)를 제외한 16명을 유치장 밖으로 끌고 나와 살해하였다는 내용이다. 이재호는 유치장 지붕을 뚫고 도망하여 무사히 귀국한 것으로 확인되었다. 무방비의 조선인을 살해할 때 사용한 도구로는 죽창, 곤봉, 쇠갈고리(鳶口), 일본도, 수창(手槍), 엽총 외에 가래(鍬), 목재, 나무막대기, 낫, 철사, 돌, 목도, 빗장(心張棒), 철봉 등이 확인되고 있다.

스스로 보호를 요청하며 후지오카 경찰서를 찾았던 차봉조(車鳳祚)의 경우는 관련 판결문에서 자경단의 광기와 같은 분위기 속에서 참혹하게 살해당한 것이 확인된다.

그를(차봉조: 필자) 뒤쫓아 온 다수의 군중들이 경계선을 뚫고 동서의 문 앞에 쇄도하여 차봉조를 인도할 것을 다그쳤다. 당시 군마현 보안관이었던 반 오리노스케(伴折之助)가 이유가 타당하지 않다고 설명하자 광분한 군중들은 오히려 그를 반박하였다. 동일 오후 5시에는 그 수가 수천 명을 넘기에 이르렀는데, 드디어 이날 밤 8시경 경종을 난타하는 자가 있어 군중은 매우 흥분한 나머지 전날 밤과 같이 각종 흉기를 갖추고 갑자기 경찰서 및 경찰서와 인접해 있던 서장 관사 안으로 난입하여 각종 기물을 파괴한 후에 경찰서에 있던 장부를 꺼내어 태워 없앴다. 또 유치장 안의 검속 중인 전술한 차봉조를 경찰서 정문 앞의 십자로로 끌어내어 그를 살해하는 등 수 많은 소동을 일으켰다.

차봉조는 결국 일본 경찰서의 보호를 받으러 왔다가 오히려 광기에 휩싸인 자경단을 비롯한 일본 민중 "수천 명"에 의해 살해당하고 만 것이다. 자경단의 광기는 일본 경찰의 만류도 전혀 효과가 없었다. 조선인 학살은 단순히 일본 정부에 의해 선포된 계엄령 하에서 그들의 광분을 달래는 정당행위로 받아들여졌던 것 같다.

이처럼 일본 정부가 의도한 대지진이라는 자연재해를 이용한 조선인 학살은 유언비어와 계엄령 선포라는 적극적인 일본 정부의 개입 하에 일본군·경·민에 의해 자행되었고, 그 수는 무려 6,661명에 달한다. 이 숫자는 재일동포 연구자 강덕상과 야마다 쇼지(山田昭次) 등 일본인 연구자들이 「일본 사법성 조사」(총 230여 명), 「재일본관동지방이재조선동포위문단 조선인학살 최종조사보고」(총 6,661명), 「상해교민 보고서」(=「一萬의 犧牲者」, 1923년 12월 5일, 『獨立新聞』)(총 6,661명), 「독립신문 사장 김승학의 조사」(총 6,415명), 「요시노사쿠조(吉野作造)의 조사」(총 2,711명) 등 수많은 자료를 조사, 수집하여 비교, 분석한 결과 도출된 숫자로 현재 한일 학계에서 인정하고 있는 숫자이다.

한편 2013년 독일 외무성에 소장되어 있다가 우연히 한국 유학생에 의해 발견되어 국가보훈처가 발간한 자료집『해외의 한국독립운동사료(Ⅲ): 독일 외무성 편(2)』에 들어 있던 자료「MASSACRE OF KOREANS IN JAPAN: The List of killed bodies and places」가 공개된 바 있다. 1924년 3월 독일 외무성이 작성한 영문 자료에 따르면, 학살된 장소가 시신이 확인된 피해자는 8,271명에 이르는데, 현재 이 자료 분석에는 많은 어려움이 있어 추가적인 연구기 필요한 상태이다.

4. 맺는 글

1919년 3월 1일 서울에서의 만세운동을 시작으로 전국으로 확산된 독립을 향한 민족운동은 비록 비조직성과 비폭력성으로 인해 일본 헌병대의 무력 앞에 실패하고 말았지만 민족의 저력을 유감없이 발휘하여 일본인의 간담을 서늘하게 하기에는 충분하였다. 사실 일본 정부는 크게 놀라 조선 식민통치의 성격을 형식적이기는 하지만 문화통치로 급전환시켜 조선민족을 달래지 않으면 안 될 정도였다. 그런데 1920년에는 중국 간도 지역의 조선인을 탄압하기 위해 출동했던 근대적 일본군 정규부대가 봉오동 전투와 청산리 전투에서 비정규 부대인 독립군부대에게 참패를 당하는 수치를 경험하였다. 이는 즉시 경신참변의 보복으로 나타나 간도의 일반 조선인들이 일본 군에게 학살당하는 대사건이 발생하였다.

1923년 당시 일본은 제1차 세계대전 종식으로 호경기가 막을 내리고, 일자리를 잃은 수많은 노동자들의 불만이 폭발 직전의 상태에 이르러 있었다. 또한 아나키즘과 사회주의가 점점 확산되어 가는 상황 속에서 일본인 노동자와 조선인 노동자의 연계가 이루어져 노동운동이 활발하게 전개될 기운이 싹트고 있었다. 3·1만세운동, 간도에서의 참패 등을 직접 경험한 일본 정부 수뇌부는 자칫 노동운동이 조선으로 확산되어 갈 것을 매우 우려하였다.

일본 정부의 의도적인 자연재해를 빙자한 조선인 관련 유언비어 전파와 계엄령 선포는 이처럼 침체된 일본 경제에 대한 일본 민중의 불만을 조선인에게 돌려 민중으로 하여금 민중을 학살하게 하는 잔인한 근대적 제노사이드를 연출하게 한 것이다. 당시의 현실문제 타개를 위해 일본 정부는 또다시 자국민을 역사 속의 몬스터로 재생하여 타민족 대학살이라는 오명의 역사를 깊게 남겨 현재에 이르기까지 기록물 보존 기간과 개인정보 보호라는 미명 하에 사건 은폐로 일관하고 있다.

2013년 이후 계속 발견 내지 발굴되고 있는 관련 사료들이 증명하고 있듯이, 이제 일본 정부는 있는 그대로의 역사를 인정하고 반성하여 상생의 역사를 만들기 위해 노력해야 할 것이며, 물론 한국 정부 역시 일본 정부에 대한 관련 정보 공개를 지속적으로 요청해야 할 것이다.

한일 연구자들은 시민단체나 법률가들과 연대하여 객관적인 사건 규명에 힘써야 한다. 더불어 사건 자체를 대내외적으로 널리 알리는 작업도 병행하여 한일 양국 시민들의 인식도를 높여야 할 것이다. 이 것은 한국 정부와 한국인들이 역사적 사건에 대한 책임을 스스로 질 자세를 가져야 된다는 것을 의미하기도 한다.

참고문헌

강덕상·야마다 쇼지·장세윤·서종진 외, 『관동대지진과 조선인 학살』, 동북아역사 재단, 2013.
강덕상 지음, 김동수·박수철 옮김, 『학살의 기억·관동대지진』, 역사비평사, 2005.
山田昭次, 『關東大震災時の朝鮮人虐殺とその後』, 創史社, 2011.
山田昭次, 『關東大震災時の朝鮮人虐殺』 創史社, 2003.
「関東大震災人権救済申立事件調査報告書」, 日本辯護士聯合會, 2003.
今井清一, 『横濱の關東大震災』, 有隣堂, 2007.
警視庁 編, 「大正大震火災誌抄」·「大正大震火災誌」, 『現代史資料6』, みすず書房, 1973.

5

일본의 전후 보상 재판,
어떻게 처리되고
남겨진 문제는 무엇인가

아리미쓰 켄

1. 서론: '전후 보상' vs '과거사' '역사 문제'

이 장에서는 일본에서 전후 보상 재판이 어떻게 이루어졌는지를 소개한다. 우선 용어 문제에서 시작하고자 한다. '전후 보상'이라는 명칭은 글자 그대로 전후에 전시 배상 문제의 뒤처리를 한다는 뉘앙스가 강하며 경제적 보상 문제로 인식되기 쉽다. 한편, '과거사'라고 하면 대상은 더 넓어지고 '역사 문제'라고 하면 역사에 관련된 모든 것이 포함된다. 어느 쪽도 정확하지 않다고 할까 거부감이 있다.

필자는 '방치된 전쟁 피해에 대한 피해 회복 문제' 정도의 표현이 정확하지 않나 생각한다. 개인 청구권이란 범주를 넘어선 역사적인 인권 문제와 어떻게 마주하며 해결할 것인가라는 과제라고 생각한다. '역사'라고 하면 '이미 과거의 일'로 묶어버리는 경향이 있는데 문제는 현재에 이르는 인권 문제이지 결코 과거의 일이 아니다.

1945년 8월 14일 일본은 포츠담 선언을 받아들여 무조건 항복하였으며 15일에는 천황이 이를 라디오 방송을 통해 발표하였고, 9월 2일 항복 문서에 조인함으로써 제2차 세계대전은 끝났다. 일본에서는 8월 15일을 '종전의 날'로 기억하고 일본무도관에서 매년 천황 내외가 참석하는 전몰자 추모식이 개최된다. 한국에서는 '광복절'로 해방을 축하한다. 패전으로 일본이 일으킨 전쟁이 종결된 것이며 동시에 대만과 한반도의 식민지 지배가 끝나면서 일본의 국토 역시 대폭 축소되었다.

일본인의 대부분은 8월 15일을 전쟁이 끝난 날로 기억하고 있지만 중국 동북부(만주), 한반도, 대만, 남양군도 등 '외지'에 있던 민간인과 군인을 제외하고 식민지 지배의 종언을 별로 실감하지 못했다. 오히려 국내에 있던 대다수의 일본인(1945년 당시 일본의 인구는 약 7,260만 명으로 이 가운데 해외에 있던 일본인은 9%인 약 660만 명이었다. 이들 중 군인과 군속은 310만 명이었다)은 미군의 엄청난 공습이 사라지자 안심하였으며 출정한 아버지나 남편의 안부를 염려하고 그들의 귀가를 기다리며 식량·주택난 속에서 살아남기 위해 필사적인 삶을 살고 있었다. '패전'='식민지 지배의 종언'이라는 인식과 기억의 결여는 지금도 일본 사회에 지속되고 있다. 그래서 전쟁의 뒤처리라고 하면 1941~45년의 연합국과의 '제2차 세계대전' 내지는 중일 전쟁을 포함한 1931~45년 사이의 15년 전쟁'의 뒤처리로 막연하게 인식되는 경우가 많다. 식민지 지배의 청산까지는 시야에 넣지 못했다. 아니, 거기까지 시야에 넣는 것을 계속 회피하였다고 할 수 있지 않을까.

식민지 지배는 서구 열강도 훨씬 이전부터 해오던 일이며 이전의 전쟁은 서구 열강의 지배를 무찌르기 위한 정의의 전쟁이었다는 주장이 지금도 일본 사회 일각에서 당당히 주장되고 있으며 아베 총리와 장관들도 여기에 공감하고 있다. 따라서 한국과 북한은 당연히 전시의 피해 보상뿐 아니라 그 이전의 '과거사'에 대한 피해보상을 요구하고 있지만 일본 측은 식민지 지배에 대한 보상에 대해서는 정면으로 응하지 않고 '경제 협력'이란 명목으로 보상을 대신하는 조치를 취했다는 명분을 내세우고 있다. 1965년 한일 수교까지 오래 계속된 한일 회담의 최대 쟁점이 바로 여기에 있었다는 점은 익히 알려진 바이다. 1995년 무라야마(村山) 총리 담화나 2010년 간(菅) 총리 담화에서 추상적으로 "식민지 지배가 초래한 다대한 손해와 고통에 대하여 통절한 반성과 마음으로부터의 사죄"를 표명하고 있으나 국가의 이름으로 행하는 보상은 언급하지 않았다. '사과'란 단어도 사용하지 않고 있다. 취한 조치는 피해에 대한 보상이 아니라 민간 기금을 통한 '위안부' 피해자 지원이었으며 유골과 궁내청 소장 도서의 반환 등에 한정되었다.

'과거사' '역사 문제'라고 할 경우, 일본 측이 자주 당황하는 것은 그럼 어디까지 역사를 거슬러 올라갈 것인가라는 문제이다. 20세기 초 한일 병합 무렵까지 거슬러 올라갈 것인지, 보다 소급하여 히데요시의 조선 침략이나 왜구 시대의 침략과 약탈까지 보상이나 반환 대상으로 삼을 것인지, 더욱 앞선 시대까지 올라갈지, 역사적으로도 법적으로도 정리하고 논의할 필요가 있다. 게다가 개인이 일본의 전쟁 수행에 동원되었으며, 강제 노동을 당했다는 사례와 민족 전체적으로 이름이나 말을 빼앗기고 왕조까지 소멸했다는 정신적, 문화적 피해까지 어떤 형태로 논의를 확대하고 발전시킬 것인가라는 과제도 있다.

영어로 '전후 보상'을 직역하면 'Post War Compensation'이지만, 통상 'Compensation'보다 'Reparation'이라는 단어가 더 많이 사용되고 있다. 양쪽 모두 '배상' '보상'의 뜻이지만, 'Redress'라는 단어가 미국에서 보다 널리 사용되고 있다. 글자 그대로 '잘못 입은 드레스를 고쳐 입는다'는 이해하기 쉬운 표현이다. 'Redress'라는 단어는 '실수나 부정을 바로잡았다', '통증을 줄이다', '구제하다', '손해를 보상하다', '치유'란 넓은 의미를 가진 용어로 필자도 영어로는 항상이 단어를 쓰고 있다. 일본어의 '전후 보상'보다 쉽다.

'전후 보상'이란 단어 자체가 한정적이며 거기에 아마도 역사적 왜곡이, 그리고 한일 간에도 어긋남이 있지만, 본고에서는 일본에서 널리 쓰이고 있는 '전후 보상'이라는 용어를 사용하여 논한다는 점을 사전에 밝혀둔다. 또한 일본어에서는 '배상'과 '보상'라는 말을 거의 동의어로 병용되고 있는데 큰 차이는 없는 것으로 이해해 주기를 바란다.

2. 일본의 '전후 보상' 행보

일본의 전후 처리 및 전후 보상은 기본적으로 귀환·원호 대책으로 시작되었다. 우선 군인들의 귀환·복원 지원, 상이군인들의 지원, 전몰자 유족 지원, 그리고 민간인 귀환 수용 등이 '원호 행정'의 이름으로 진행되었다. 순위는 군인과 군무원, 공무원이 우선되었으며 민간인은 뒷 순위였다. 민간인 가운데서도 일본 국적 소유자가 우선되었다. 패전 후에도 일본에 체류하고 있던 외국인은 '삼국인'이라고 낙인 찍혔으며 자주 치안상 경계의 대상이 되기도 하였다.

군인 및 군무원, 공무원에게는 귀환 수당과 급여가 지급되었다. 군인 연금은 전후 점령군 지령으로 일단 폐지되지만 1953년에 부활하였다. 전사자 유족에게는 유족연금이 전상 병자는 장애자연금이 지급되었다. 군인·군무원, 유족연금은 최대 280만 명(1969년), 최대 약 1조 7천억 엔(1983년), 누계 50조 엔 이상이 지급되었다. 매년 평균적으로 국가 예산의 약 3%를 차지하고 총액은 2017년 일본 국가 예산의 절반 이상에 상당하는 거액이다. 게다가 같은 군인이라고 하더라도 당시의 계급 기준으로 큰 차별이 존재하여 하급 병사는 연간 약 146만 엔밖에 못 받지만 대장이라면 약 834만 엔이나 받으며 약 6배의 차이가 난다. 정부는 연금은 국가 보장 정신에 근거하고 있다고 설명하지만 요컨대 '잘 싸웠다, 잘 죽어 줬다'라고 죽은 자를 포함한 전 군인을 기리는 취지의 지급이다. 인도·인권의 관점에서 전쟁 피해자를 구제한다는 기본 이념은 전혀 없었던 것처럼 보인다.

이에 대해서 일련의 전후 처리에 불만을 품고 전쟁 피해자들이 차례로 법원에 소송을 내었다.

① 원폭 피해자의 원호 조치

히로시마에서 피폭된 원고가 국가를 상대로 손해 배상과 미국의 원폭 투하가 국제법 위반이라고 하여 1955년 도쿄 지방법원에 제소하였다. 1963년 도쿄 지방법원은 원폭 투하의 국제법 위반은 인정하였지만 개인의 손해 배상 청구권은 인정하지 않고 청구를 기각하였다. 그러나 이 판결은 동시에 입법부와 내각에 구제를 촉구하면서 국가 입법 조치를 요구하는 큰 근거가 되었다. 원고 시모다 류이치(下田隆一) 씨의 이름을 따서 통칭 '원폭 재판·시모다 사건'으로 불리는 이 소송은 원폭 투하를 국제법 위반으로 인정한 것을 성과로 상고하지 않고 1심 판결이 확정되었다.

이 소송과 판결을 계기로 정부는 1957년에 「원자폭탄 피해자의 의료 등에 관한 법률(원폭 의료법)」을, 1968년에는 「원자폭탄 피해자에 대한 특별 조치에 관한 법률(원폭 특별 조치법)」을 제정하고 나아가 1994년에 이 두 법을 단일화한 「원자폭탄 피해자 지원에 관한 법률(피폭자 원호법)」로 법률을 발전시켰다. 피폭자 원호법에 근거하여 피해자로 인정받아 피폭자 수첩을 가지고 있는 이들에게는 현재 매달 3만 4,300엔의 건강관리 수당이 지급되고 있다.

그 뒤에도 피해자가 국가와 지자체를 상대로 한 많은 소송이 오늘까지 계속되고 있는데 대부분 원폭 피해의 인정을 요구하여, 피폭자 원호법의 차별 없는 적용을 요구하는 내용이다. 피폭자 원호법에는 대상자를 일본 국적 소유자로 한정하는 규정이 없어 외국 국적자에게도 건강관리 수당이 지급되어야 하지만 1974년 후생성(현재는 후생

노동성)이 일방적으로 일본 내 거주자에 한정한다는 통달을 발표하였다. 한국에 거주하는 피폭자들이 이를 부당하다며 소송을 내 승소했고 현재는 한국, 미국, 브라질 등에서도 피폭자는 건강관리 수당을 받을 수 있도록 개선되었다. 소송의 성과가 반영되었다고 평가할 수 있다. 순식간에 20만 명 이상의 목숨을 앗아간 원폭 피해는 정부도 인정하는 '특수한 피해'로 국민적 합의 하에 법률을 제정하여 현재 연간 1500억 엔 규모의 대책을 매년 강구하고 있는데 누계는 5조 엔을 넘었다.

② 귀환자의 재외 자산에 대한 보상 조치와 '수인론(受忍論)'

1945년 8월 패전 때 해외에 있다가 귀환한 일본의 민간인은 약 319만 명 정도인데 일본으로 가져갈 수 있었던 돈은 1천 엔까지로 대부분의 자산을 해외의 거주지에 남긴 채 몰수당하였다. 샌프란시스코 강화조약과 양자간 협정에 의해서 청구권을 서로 포기했기 때문에 자산을 잃은 사람들은 일본 정부에 보상을 요구하였다. 정부는 1957년에 「귀환자 보조금 보상법」을 제정하고, 464억 엔을 지급하였다. 1967년에도 「귀환자에 대한 특별 교부금 지급법」을 제정하고 약 2,100억 엔을 지급하였다. 1960년 캐나다 정부에 재산을 몰수당한 일본인 이민자들이 국가에 보상을 요구하고 제소하였다. 1963년에 청구는 기각되어 항소하였는데 1965년 도쿄 고등법원은 원고의 청구를 인정하는 판결을 내렸다. 그러나 1968년 대법원은 "이들의 희생은 전쟁 희생 또는 전쟁 손해로 국민들은 동등하게 감수해야만 한다",

"이에 대한 보상은 헌법이 전혀 예상하지 못한 것"이라 하여 재차 청구를 기각하였다. 법원은 피해자가 요구하는 국가 보상을 부정하는 논거로 이른바 '수인론(受忍論)'을 확립하였다. 전쟁 중에 여러 가지가 발생하였지만 국가 비상시여서 모두 인내하여야 한다는 이유였다. 국가에게 너무 유리한 자의적인 논리로 많은 전쟁 피해자들은 도저히 납득할 수 없는 것이었다. 그러나 정부는 이 '수인론'을 활용하여 전후 보상 요구를 봉쇄하고 거절하였다.

③ 시베리아 억류자, 민간 공습 피해자 등의 보상 요구

전시의 피해가 아니라 전후 1945년부터 1956년까지 포로로 옛 소련과 몽골로 이송되어 강제 노동을 강요당한 약 60만 명의 시베리아 억류 피해자들의 일부도 1970년대 말부터 국가 보상을 요구하는 운동을 시작하였다. 소련과 한국에 나포된 일본 어민들에게 일본 정부가 억류 기간에 따른 보상금을 지급한 것을 알게 된 억류자들이 "나라의 명령으로 포로가 되어 시베리아로 이송된 사람들에게도 국가 보상이 있어 당연하다"고 요구했던 것이다. 억류, 사역은 소련에 의해서 이루어진 것으로 억류국 소련이 지불해야 하지만 1956년의 일소 공동선언으로 청구권을 서로 포기한 만큼 일본 정부에게 지불을 요구한 것이다. 포로에 대한 취급 방식을 정한 제네바 조약은 수용소에서의 노동에 대해서는 대가가 지불되어야 하며, 지불은 사역한 국가 또는 포로를 송출한 국가가 지불해야한다고 규정하고 있다. 1981년부터 1997년까지 16년간에 걸쳐서 진행된 재판에서 지방법원, 고등법원, 대법원은 모두 억류 피해자의 호소를 물리치고 국가 보상을 인정하지 않았다. 여기에서도 기각 이유는 "국민은 동등하게 감수해야한다"는 '수인론'이었다. 전 시베리아 억류자들이 국가에 보상을 요구한 소송은 그 외에도 4건이 더 있으며, 한국인과 중국 국적의 억류자들도 원고가 되었지만 모든 청구는 기각되었다.

④ 일반 공습 피해자·오키나와전 등의 민간인 피해자

원폭 이외에 일반 공습 피해자도 국가 보상을 요구하는 운동을 지속하면서 소송을 제기하였다. 1976년에 나고야 지방법원에 처음 제소가 이루어진 이후 1980년 나고야 지방법원, 1983년 나고야 고등법원, 1987년 대법원에서 판결이 나왔지만 모두 원고 패소였다. "군인·군속은 국가에게 사용 책임이 있지만 민간인에게 보상해야 하는 합리성은 없다", "전쟁 피해는 국민이 동등하게 감수해야 하는 것", "보상 조치를 취할지는 국회의 재량에 맡긴다"는 이유에서였다. 납득할 수 없는 도쿄·오사카의 피해자 소송은 2014년까지 이어졌다.

10만 명의 일반 주민이 희생된 오키나와전의 민간인 피해자들도 전후 전혀 보상을 받지 못했다. 오키나와전의 민간인 피해자들은 전투에 연루되거나 공습, 함포 사격, 일본군에 의한 주민 학살, 집단 자결, 강제 이주로 인한 말라리아 감염 사망 등 국내 유일의 전장으로 매우 비참한 상황을 겪었지만 국가에 의한 원호·보상의 대상 밖에 방치되었다. 오키나와 민간인의 전쟁 피해자가 처음으로 국가를 상대로 나하(那覇) 지방법원에 제소한 것은 전후 72년이나 지난 2012년이었다. 이 소송도 2016년에 나하 지방법원에서 청구가 기각되면서 현재 후쿠오카 고등법원에서 심리 중이다. 그리고 파라오, 사이판 등 남양군도에서 오키나와와 같은 지상전을 체험하고 가혹한 피해를 겪은 주민들에 의한 소송도 2013년부터 시작되었다.

어느 경우든 완강하게 국가 보상을 거부하고, 국가의 책임을 회피하려는 정부의 자세를 추인하고 이론(異論)을 봉쇄해 온 법원을 상대로 피해자와 변호인단은 많은 어려움을 겪어 왔다. 일본 법원은 피해자에게 동정은 하지만 국가 보상은 명령하지 않았으며 입법 재량에 관한 문제는 정부와 국회에 책임을 맡긴다는 소극적인 자세로 일관하면서 자국민조차 적극적으로 구제하겠다는 뜻을 보이지 않았다.

3. 외국 국적의 전쟁 피해자가 일본에 '전후 보상'을 요구한 소송의 개요

일본 국내의 전쟁 피해자가 보상을 요구하여 1955년부터 법원에 제소하였지만 해외의 피해자가 바다를 넘어 일본 법원에 소송을 제기하는 것은 1970년대까지는 불가능하였다. 대부분의 피해자는 보통의 서민이며 해외 도항을 위한 자유도 경제적 여력도 정보도 없었다. 한국, 타이완, 필리핀, 인도네시아도 일본에게 거액의 경제 원조를 받은 친일적인 독재 정권이 집권하고 있었던 만큼 전쟁 피해를 주장하는 것에는 많은 제약이 있었다. 중국은 1972년 중일 공동성명에서 상호 청구권을 포기하고 피해자가 직접 일본에 개인 보상을 요구하는 것을 허용하지 않는 사회적 통제가 오랫동안 계속되었다. 피해자는 결코 잊어버리고 있었던 것도 잠자코 있었던 것도 아니었지만, 그 목소리는 억압되었으며 일본의 전후 세대도 대부분 가해 사실을 알지 못하였다.

1970년대 이후에 제기된 외국 국적의 원고에 의한 전후 보상 청구 소송의 목록을 참조하기 바란다. 약 90건인데 신문 등에서 보도된 것을 목록화한 것으로 개인적으로 소송을 제기하여 신문에 보도되지 않았거나 이미 끝나버린 소송이 더 있을지도 모른다.

90건 중 한국인이 원고인 소송은 36건, 중국인 28건, 대만인 6건, 재일한국인 8건, 재일대만인 3건, 미국 영국 호주 1건, 네덜란드인 1건, 필리핀 1건, 불명 외 6건이다.

① 1990년대 이전의 전후 보상 재판소 판례

처음으로 소송을 제기한 것은 히로시마에서 피폭당하고 1951년에 한국으로 귀국하였다가 1970년에 사가(佐賀)항으로 밀항하여 후쿠오카 현에 피폭자 수첩을 신청하여 거부되자 후쿠오카 현과 후생성을 상대로 후쿠오카 지방법원에 소송을 제기한 한국인 손진두 씨(1927년 오사카 출생, 2014년 사망)였다. 이 경우는 다행히 대법원(일본의 최고재판소)까지 모두 원고 승소로 1978년에 수첩을 취득하게 된다. 직접 보상을 요구한 경우는 아니었지만, 국적에 관계없이 지원을 받아야 한다는 것을 확인한 획기적인 판결이었다.

1970년대 80년대의 소송은 대만인이 채무의 환불을 요구한 경제적 보상 요구가 많았다. 1984년에는 도쿄 고등법원이 대만인의 전시 저축 채권의 지급을 명령한 확정 판결도 있었다. 이후 1995년부터 2000년까지 일본 정부는 대만의 확정 채무 처리에 착수하여 일률적으로 120배를 적용하여 총액 128억 2천만 엔을 지불하였다.

② 1990년 이후 약 80건의 전후 보상 재판

1990년대에 들어서자 한국과 재일조선인의 전쟁 피해자들을 원고로 하는 전후 보상 재판이 급증한다. 전시의 미지불 임금 공탁금 반환 소송, '위안부', B·C급 전범, 시베리아 억류자, 전몰자 유족, 전상 병자, 학살 유족 등 학대 피해자 등이 일본 정부·기업에 사죄와 보상을 요구하는 소송을 계속 제기하였다. 일본 사회는 큰 충격을 받았으며, 국회에서의 논의도 활발해졌다. 원고의 소송을 통해서 처음으로 일본의 역사적, 조직적 가해를 알게 되고 외국 국적의 전쟁 피해자에 대한 전후 보상의 필요성이 인식되었다. 역사 교과서에 기술되는 사례도 나타났었다.

한국과 관련하여 가장 큰 소송은 1991년에 제소한 '아시아 태평양 전쟁 한국인 희생자 보상 청구 소송'에서 '위안부', 일본 군인·군속, 유족 등 41명이 일본 정부에 사죄와 보상을 요구한 것이었다. 특히 '위안부'의 등장은 언론에서도 크게 거론되고 주목을 끌었다.

그 뒤에도 강원도 유족회(김경석 회장, 1991년), 미쓰비시에 배상을 요구한 미쓰비시 나가사키 조선인 징용자 김순길 씨(1992년), 일본에서 부산으로 귀향 도중에 교토부 마이즈루 만에서 폭침한 우키시마마루 피해자 유가족(1992년), 대일 민간법률구조회(1992년), 후지코시 징용자, 일본군인 김성수 씨(1992년), 부산 여자근로정신대·'위안부'(1992년)들이 일본 정부와 기업에게 사죄와 보상을 요구하며 소송을 제기하였다. '광주 천인소송'(1993년)이라는 대규모 집단 소송도 있었다.

재일한국인을 원고로 하는 소송에서 전시 중에 일본 군인·군속으로 부상당하여 중증 장애를 입은 정상근 씨(1991년), 진석일·석성기 씨(1992년), 강부중 씨(1993년)가 원호법 적용을 요구하였으며, B·C급 전범 이학래 동진회 회장 등(1991년), 포로로 시베리아에 억류된 일본군 이창석 씨(1992년), '위안부' 송신도 씨(1993년)는 각각 일본 정부에게 보상을 요구하며 제소하였다.

③ 필리핀, 홍콩, 연합국, 중국 피해자들의 제소

한국뿐 아니라 필리핀의 '위안부'들(1993년), 홍콩의 군표 피해자 (전시 중에 일본군이 발행한 전시 통화가 전후 교환할 수 없어 경제적 손해를 입은 경우, 1993년), 네덜란드의 일본군 포로·민간 억류자(1994년), 영국·호주·미국의 일본군 포로·민간 억류자(1995년) 등이 일본 정부를 상대로 한 소송도 열렸다.

중국인이 원고인 전후 보상 소송은 5년 정도 늦게 1995년부터 시작되었다. 이 해에 가해 기업인 가시마(鹿島)를 제소한 중국인 강제 연행 하나오카(花岡) 사건 피해자, 국가를 상대로 한 중국인 '위안부', 731부대의 세균전·난징 대학살 등의 피해자 유족에 의한 제소가 이어졌다. 다음해 1996년에는 탄광에서 도피 후 13년간 홋카이도의 산속에서 생활하고 1958년에 보호되어 귀국한 유런인(劉連仁) 씨, 일본군의 대규모 주민 학살이 벌어진 평딩산(平頂山) 사건의 피해자 유족, 중국 국적을 가진 조선족 시베리아 억류자, 전후에 일본군이 유기한 독가스나 해안포에 피해를 입은 주민들의 제소가 있었다. 1997년에도 저장성·후난성의 731부대 세균전 피해자, 중국인 강제 연행 피해자들이 일본 정부와 기업에 보상을 요구하는 소송을 제기하였다. 중국인 강제 연행 소송은 도쿄 지방법원뿐 아니라, 후쿠오카·나가사키·미야자키·히로시마·오사카·교토·가나자와·니가타·나가노·군마·야마가타·삿포로 지방법원에서도 논란이 되었다.

한때 들불처럼 일본 정부와 일본 기업을 상대로 한 전후 보상 재판이 일본 각지의 법원에서 진행되었으며, 변호인단, 지원 시민단체, 연구자들이 활발하게 움직인다.

④ 사실을 인정하고 동정하면서도 청구를 인정하지 않는 판결

1990년대 초에 제소한 소송 중 1심 지방법원의 판결이 1994년부터 나오기 시작한다. 재일조선인 전상 병자의 소송을 담당한 도쿄 지방법원(1994년), 오사카 지방법원(1995년) 판결은 모두 원고의 호소를 이해하여 오사카 지방 법원 판결은 "일본의 전상 병자들에 비하여 차별 대우의 정도는 중대하였으며, 재일한국인을 적용 대상에서 제외한 조치는 법적 평등을 규정한 헌법 14조에 위반될 소지가 있다"고 지적하고 "단순히 국적을 이유로 한 차별적 취급에 합리성이 있다고 말할 수는 없다"라고까지 표현하였다. 그러나 결론은 "원호의 내용에 대해서는 입법 정책에 속하는 문제"라며 청구를 기각하였다. 기묘한 논리이다. 헌법 위반 혐의가 있기 때문에 원고와 변호인단은 법원에 판단을 요구한 것이다. 그러므로 법원이 내릴 판단은 위헌인지 합헌인지를 판단해야 하는 것이었다. 그런데 "위반 소지가 있다"는 것만 반복하고 해결책을 제시하지 않았다. 법원은 문제가 존재한다는 것을 인정하면서도 시정을 명령하지 않았으며, 책임을 입법부에 돌려버리고 사법부의 책임을 포기하고 회피해버렸다.

일본 법원의 이러한 책임 회피 경향은 이후에도 일관되었다. 즉, 사실은 인정하고 동정은 표명하지만 안타깝게도 배·보상금을 지급하라는 법적인 근거가 없어 입법을 기다릴 수밖에 없는 상황으로 나머지 문제는 입법부에게 물어보라는 입장이었다.

⑤ 최초의 '위안부' 소송 판결은 입법의 필요성을 인정하고 원고를 지지

'위안부'를 원고로 하는 재판은 한국인 피해자를 원고로 한 소송 2건, 재일조선인 원고 1건, 필리핀, 네덜란드, 중국, 대만의 피해자로 이어졌다. 첫 번째 판결은 1998년에 야마구치 지방법원 시모노세키 지원에서 나온 것으로 흔히 '관부(關釜) 재판'이라고 부른다. 이 소송의 원고에는 '위안부'와 여자근로정신대원 모두 포함되었지만 야마구치 지방법원 시모노세키 지원은 '위안부'에게만 청구를 인정하고 '입법 부작위'를 이유로 1인당 30만 엔의 지불을 명하였다. 판결 당시 '입법 부작위'의 의미를 이해할 수 없는 사람들이 많아 혼란도 일어났다. 피해를 인정하고 청구를 지지하면서 왜 돈이 불과 30만 엔에 지나지 않았을까. 많은 사람이 의문스럽게 생각했지만 야마구치 지방법원 시모노세키 지원의 견해는 다음과 같았다.

"종군위안부 제도가 철저한 여성 차별, 민족 차별 사상의 표현으로 여성 인격의 존엄을 송두리째 부정하고 민족의 자존심을 짓밟는 것이며, 게다가 결코 과거의 문제가 아니라 현재도 극복해야 할 근원적 인권 문제이다."→"피해자에 대한 어떠한 손해 회복 조치를 취해야만 한다."→"피해 회복을 위한 입법이 필요하며", "피해 회복 조치 내용에 대해서는 국가와 국회에 맡긴다"→1993년에 관방장관이 '강제'와 군과 정부의 관여를 인정하고 사과하면서 어떠한 입법 조치도 강구하지 않은 것은 태만"→"적어도 3년 이내에 입법해야 했으며 늦어도 1996년까지 입법 조치가 이루어져야 했기 때문에 판결 시점부터 1998년까지 3년분의 입법 지연에 따른 손해 배상으로 연간 10만 엔의 배상금 3년치에 해당하는 30만 엔을 지불하라"는 것이다.

즉, 본래의 손해 배상 금액은 별도로 국가가 법률을 제정하고 기준을 마련하여 산정해야 하는데 이는 입법 지연 보상금보다 당연히 더 클 것이라는 논리였다. 이해하기 어렵지만 '위안부' 피해자의 호소가 인정된 승소 판결이었다.

아쉽지만 획기적인 이 판결은 2001년에 히로시마 고등법원에서 역전 패소하고 각하되었다. 2003년 대법원도 히로시마 고등법원 판결을 지지하고, 상고는 기각되어 패소가 확정되었다. 그러나 이 1998년 야마구치 지방 법원 시모노세키 지부 판결은 '위안부' 문제 해결을 위한 입법을 촉구하는 큰 계기가 되었으며 2000년 참의원에 「전시 성적 강제 피해자 문제 해결 촉진 법안」이 민주당에 의해 제출되었다.

⑥ '화해'로 해결한 사례

다른 사례에서도 대부분의 소송은 원고(피해자 측) 패소로 끝났지만 드물게 피해자에게 배·보상금을 지불하라는 명령을 내리거나 화해로 해결된 사례도 있다.

1995년에 일본제철 가마이시(釜石) 공장에서 함포 사격으로 사망한 한국인 징용자 유족들이 유해와 미지급 임금의 반환, 보상을 요구하여 신일본제철(당시=일본제철, 현재=신일본제철)을 상대로 한 소송에서 신일철이 재판과 별도로 화해에 응하여 11명의 유족에게 2005만엔을 '위령을 위한 협력금'으로 지불하였다. 피해 당사자에게 배·보상금 지불이 실현된 첫 번째 사례였다.

일본에 동원된 가와사키(川崎) 일본강관의 군수공장에서 일하다가 폭행을 당한 피해자 김경석 씨는 1991년에 혼자 일본으로 건너와 도쿄 국회도서관에서 자료를 찾아내고 사과와 보상을 요구하여 도쿄 지방법원에 제소하였다. 후에 일본인 변호사와 지원자가 결합하였는데 1997년 1심 도쿄 지방법원은 사원의 폭행에 대한 관여는 인정하면서도 강제 연행은 부정하였고, 민법상의 제척 기간(20년)이 지났기 때문에 청구할 수 없다며 소송을 기각했다. 그러나 1999년 도쿄 고등법원에서 일본강관(NKK)의 법적 책임은 인정하지 않았지만 50년 전의 가해자가 누구인지 특정하는 것은 곤란하지만 원고의 주장을 받아들이고 진지한 마음을 표현하여" 청구 금액 1천만 엔의 40% 정도의 해결금 410만 엔을 지불하는 것으로 화해가 성립하였다.

김경석 씨가 회장을 맡은 태평양전쟁 한국인 희생자 유족회가 추진했던 또 하나의 소송도 화해에 이른다. 도야마(富山)의 공작 기계 메이커 후지코시(不二越)에 전시 중 한반도에서 동원된 여자근로정신대원들이 미지불 임금 및 강제 연행·노동의 보상을 요구한 소송(1992년 도야마 지방법원에 제소, 96년 청구 기각, 98년 나고야 고등법원 가나자와 지부에서 공소 기각)은 2000년에 대법원에서 화해가 성립하였다. 지방법원과 고등법원에서는 후지코시 측의 공소 시효가 완료되어 제척 기간의 적용이 인정되었음에도 불구하고 후지코시는 원고들 8명과 희생자 유족회에 약 3500만 엔을 지급하였다. 그러나 후지코시 사장은 "국책에 따른 것으로 기업은 책임을 강요당했다. 사과는 하지 않으며 강제 연행이나 임금 체불 사실도 없다. 과거의 사실을 둘러싼 무모한 싸움을 계속하는 것은 양쪽 모두에게 불행"이라고 말하였다. 원고 측 단장인 김경석 씨는 "꺼림칙한 곳이 없다면 (기업이) 돈을 내는 일은 없었을 것이다. 승리의 화해에 감개무량하다"고 기자 회견에서 말하였다. 일련의 전후 보상 재판에서 세 번째 화해이며 대법원에서의 화해는 처음이었다.

이 당시 미국 법원에서 집단 소송으로 한국 등의 피해자가 일본 기업을 제소하는 경우가 잇따르면서 기업 측의 위기감이 커지고 있었다. 독일에서는 '20세기에 일어난 일은 20세기 중에 해결을'이란 슬

로건 하에 나치 정권 하에서의 강제 노역 피해자에 대한 보상 실시를 위해 독일 정부와 기업이 공동으로 출자하는 기금 설립 움직임이 진행되고 있었다. 일본 기업이 행한 법정 안팎에서의 화해는 그러한 국제적인 움직임에도 영향을 받아 실현된 것으로 보인다.

⑦ '화해'를 거부한 일본 정부

한편 일본 정부는 일관되게 보상 문제는 1965년 한일 청구권협정으로 결말이 났다는 입장을 견지하여 법정 밖에서 신일철이 화해한 닛테츠(日鉄) 가마이시 소송에서도 국가(법무부)는 청구 기각을 요구하고 대법원까지 가서 2007년 기각을 쟁취하였다.

또한 상기 합의 외에 1997년 시즈오카 지방법원에 제소된 도쿄 마사(麻糸) 방적 누마즈(沼津) 공장 조선 여자근로정신대 재판이 2003년 대법원에서 기각된 후에 피해자 측은 전후에 도쿄 마사 방적을 흡수 합병한 데이진(帝人)과 협상을 거듭하면서 2004년에 한 사람당 20만 엔의 위로금을 받았다. 데이진은 주주 총회 승인을 거쳐 합의금을 지불하였다. 피해자 측의 입장에서 어느 정도의 성과가 있었다고는 할 수 있겠지만, 전후 보상 재판 전체의 흐름에서 보면 예외적인 지불이었다.

⑧ 중국인 강제 연행 소송에서 '화해'의 사례

한국인이 원고가 된 일본의 전후 보상 재판 가운데 법정 안팎의 화해는 상기 3건에 그쳤지만, 이후 중국인 강제 연행의 경우 4건의 화해가 성립하였다.

1995년에 도쿄 지방법원에 제소된 가시마 하나오카 광산에서 중국인 강제 연행자 학대 사건은 도쿄 고등법원 재판장의 적극적인 노력으로 2000년에 가시마가 화해에 응하여 합의금 5억 엔을 원고뿐만 아니라 전 중국인 근로자 986명을 대상으로 지불하였다.

1998년 교토 지방법원에 제소된 오오에야마(大江山) 니켈 광산의 강제 연행 강제 노동 피해자 유족의 소송에서는 2심의 오사카 고등법원에서 광산을 소유한 일본야금과 화해가 성립되어 6명의 중국인 원고에게 한 명당 350만 엔, 총 2100만 엔(청구액은 1인당 2200만 엔으로 총 1억 3200만 엔)이 지급(또한 이 사례에서도 정부는 화해에 응하지 않고 대법원까지 싸우다가 2007년에 청구 기각 당하였다)되었다.

니시마쓰(西松) 건설은 전시 중에 히로시마현의 야스노(安野) 발전소 건설 공사 현장, 니가타현의 시나노(信濃)강 하천 부지 작업장에서 일하던 중국인 노동자 유족으로부터 사과와 보상을 요구받으며 제소된 경우이다. 히로시마 건은 2007년에, 니가타 건은 2011년에 각각 대법원에서 피해자 측의 요구가 각하되었지만, 그 후에 변호인단이 니시마쓰와 협상을 거듭한 결과 니시마쓰가 히로시마 건의 경우 2009년에 360명(원고는 5명)을 대상으로 합의금 2억 5천만 엔을, 니가타의 건의 경우는 2010년에 183명을 대상으로 합의금 1억 2,800만 엔을 지불하여 화해가 성립되었다(화해 교섭은 법정 밖에서 이루어졌으며 도쿄 간이 법원에서 즉시 화해 성립).

미쓰비시 머티리얼도 나가사키, 후쿠오카, 미야자키, 도쿄, 삿포로

지방 법원에 제소되었다. 재판은 2011년에 종결되었지만 재판 종결 후에도 피해자 대리인과 절충을 거듭하며 2016년 전국 12개 사업소에 연행된 3,765명을 대상으로 한 명당 10만 위안(약 170만 엔)의 지불과 위령비 건립 등에 합의하였다. 화해가 발표되어 피해 당사자에게 보·배상금 지불이 시작되었다. 생존자에게 우선적으로 지불하고 유가족에 대한 지급 방법 등이 검토되고 있으며, 만약 3,765명 전원에게 지급되면 총액은 약 64억 엔 정도이다.

⑨ '우키시마마루' 소송도 1심 지법은 지급 명령

전술한 '위안부' 야마구치 지방법원 시모노세키 지부 판결 이외에 한국인 원고 피해자 측의 청구가 일부이지만 인용된 판결은 1992년 교토 지방법원에 제소한 우키시마마루 피해자 유족에 의한 국가 배상 청구 1건뿐이다. 1945년 8월 24일 교토부 마이즈루(舞鶴)항에서 한국으로 귀환 중이던 한국인 3,725명을 태운 우키시마마루에 기뢰가 닿아 폭침하고 549명의 사망자를 낸 사건에서 그 생존자 유족 80명이 일본 정부에 보상을 요구한 소송이었다. 2001년 교토 지방법원은 원고 중 승선한 군속 15명에게만 국가의 안전 배려 의무 위반이 있었다고 하여 한 명당 300만 엔의 지불을 명했다. 공식 사과와 헌법 전문, 국가 배상법에 따른 손해 배상, 입법 부작위, 유골 반환 등의 요구는 인정하지 않았지만 "징용으로 일본에 온 원고를 안전하게 귀환시키는 것이 논리적으로 피고(국가)에 요청된다"고 그 이유를 밝혔다. 폭발에 대한 진상 규명을 강하게 요구하였으나 원인 규명에는 이르지 못하고 사망한 유족에게는 아무런 보상도 없었으며, 생존자에게 만 지불하는 불공평에 대해서도 설명이 없었다. 그래도 피고인 국가 에게 지급 명령이 나온 것은 중요했고, 일부 언론에서는 사법의 흐름 이 바뀐 것 아니냐는 관측과 기대도 있었다. 그러나 그 이상의 진전은 없었다, 이 쿄토 지방법원 판결도 2003년 오사카 고등법원 항소심에 서 지급 명령이 취소되고 역전 패소하였다.

⑩ 피폭자 원호법 적용 차별은 해소로

한편, 피폭자 원호법 적용·수급 자격을 둘러싼 소송에서는 2001 년 오사카 지방법원, 2002년 오사카 고등법원 판결에서 히로시마에 서 피폭한 곽귀훈 재한 피폭자 협회 전 회장이 승소한 것을 시작으로 2003년 오사카 지방법원에서 이재석 씨, 2004년 나가사키 지방법원· 후쿠오카 고등법원에서 최계철 씨, 2005년 히로시마 고등법원 2007 년 대법원에서 박창환 씨 등의 주장이 인정되어 국적이나 거주지에 관계없이 '어디에 거주하던 피해자는 피해자'라는 당연한 원칙이 확 립되었다. 2015년에는 대법원이 재외 피폭자 치료비·건강관리 수당 전액 지급 판결을 최종적으로 내놓으면서 차별이 해소됐다.

⑪ 중국인 강제 연행 소송에서도 원고 피해자의 주장이 인정받은 사례

중국인 강제 연행 소송에서 원고의 청구가 인정된 경우는 1심 법 원에서 4건 있었다.

2001년 도쿄 지방법원은 전시 중 홋카이도 탄광에서 도주하여 13

년 간 산중에 살다가 보호된 중국인 강제 연행 피해자 유련인 씨에 대해서 국가는 청구액 전액인 2천만 엔을 지불하도록 명하였지만 후에 도쿄 고등법원과 대법원에 의하여 국가 배상은 취소되었다.

2002년 후쿠오카 지법은 전시 중 미쓰이(三井) 미이케(三池) 탄광 등에서 일한 중국인 강제 연행 피해자 유족 15명에 대해 민법상 불법 행위 책임을 인정하고 1인당 1100만 엔을 지불하도록 미쓰이 광산에 명하는 획기적인 판결을 내렸지만 2004년 후쿠오카 고등법원에서 역전 패소했으며 2007년 대법원에서 기각되었다.

2004년 니가타 지방 법원이 니가타항에서 일한 중국인 강제 연행 피해자 유족 12명에 대해 안전 배려 의무 위반을 인정하고 1인당 800만 엔의 위자료를 국가와 기업이 연대하여 지불하도록 명령하였지만, 이 판결도 2007년 도쿄 고등법원, 2008년 대법원에서 취소되었다.

2005년 히로시마 지방법원은 전술한 니시마쓰 건설 '야스노 발전소' 건설 공사 현장에서 사역된 중국인 강제 연행 피해자에게 1심의 히로시마 지방법원 판결을 뒤집고 배·보상금을 지급하라고 명령하였다. 그러나 이 경우도 2007년 대법원에서 재역전 기각되었으며, 전술한 대로 2009년에 화해하였다.

⑫ 2007년 대법원은 개인의 재판권을 부정하고 청구를 인정하지 않았다

한국인을 원고로 하는 재판에서는 1991년 처음 제소된 아시아 태평양전쟁 한국인 희생자 보상 청구 소송에 대한 대법원 판결이 2004

년 11월 29일에 나왔지만, 원고의 절반 가까이가 별세하였다. 판결은 다음과 같은 결론을 내렸다.

"제2차 세계대전 및 그 패전으로 생긴 전쟁 희생에 대한 보상은 헌법이 전혀 예상할 수 없는 바"로 '위안부'들이 입은 손실도 헌법 시행 이전의 행위에 의해서 생긴 것으로 현재의 일본 헌법은 적용되지 않는다. 1965년 한일 청구권협정 체결 후에는 일본군 군인 군속, 그 유족이었던 한국인에게 어떠한 조치를 취하지 않았더라도 헌법 위반이 아니다.

요컨대 일본 정부 측 주장을 지지하고, 그 부작위를 추인했을 뿐이었다.

2007년 4월 27일 대법원이 중국인 강제 연행 소송에 관해서 "72년의 중일 공동 성명은 개인의 손해 배상 등의 청구권을 포함한 전쟁 수행 중에 생긴 모든 청구권을 포기하는 취지를 규정한 것으로 해석되어 재판상 청구 권한은 없다"는 판결을 처음으로 내놓았다. 전후 보상 문제는 국교수립 시의 공동성명으로 처리된 것으로 개인이 재판을 통해 배상을 요구할 권리가 없다고 하여 원고 측이 주장한 사법구제 상의 근거를 부정하였다. 동시에 "피해자들이 입은 정신적 육체적 고통이 지극히 크고, 니시마쓰 건설이 강제 노동에 종사시켜 이익을 얻은 것에 비추어, 회사 관계자들이 구제를 위한 노력을 해야 한다"고 부언하여 법정 밖에서 당사자 간의 협상을 촉구하였다.

그 후, 니시마쓰, 미쓰비시 머티리얼과의 화해는 대법원 부언(附言)의 연장선상에 있었다.

4. 일본의 재판 투쟁의 한계와 문제점

이렇게 되돌아보면, 대체로 일본 법원은 일부 화해를 제외하면 이른바 전후 보상 문제를 법정에서 해결하지 못한 것이 분명하다. 극히 드물게, 하급심에서 원고=피해자 측에 승소 판결이 나와도 대법원에서 모두 기각되고 있다.

요구가 기각된 이유는 대부분 ① 원고가 한국 국적인 경우는 1965년 한일 청구권협정, 중국 국적자는 1972년 중일 공동 성명, 미국과 영국 등은 1951년 샌프란시스코 강화조약에서 청구권을 둘러싼 문제가 해결되었다는 것. ② 제네바 조약 등 국제법에서도 개인의 청구권은 인정하지 않는다는 것. ③ 시간상의 문제(공소 시효·제척)로 피해 발생 시간이 너무 오래되었다는 점. ④ '이전의 국가 통치 행위가 불법이라 하더라도 손해 책임을 추궁할 수 없다는' 법리에 의해 국가는 책임을 지지 않는다는 것이었다. 특히 이 '국가는 책임을 지지 않아도 된다(國家無答策)'는 논리는 명문화된 것도 아니며 너무도 정부에 유리하고 자의적인 것이었다. 외국인에게는 도저히 이해하기 어려우며 현대 일본인의 상식을 넘어선 논리이다. 그러나 이러한 법 해석과 법리로 일본의 전후 보상 재판에서는 원고·피해자의 주장은 기각되었다.

게다가 소송을 한 지 13년이 지나 원래 "재판상 청구권"은 없었다(즉, 재판에는 적당하지 않다)고 대법원이 판시한 것에는 아연실색할 뿐이다. 문전박대를 한다면 더 빨리 그렇게 했어야 했으며, 그 피해자는 쓸데없이 10년 이상의 시간과 노력을 허비하지 않았을 것이다. 실제로 당사자인 원고들 대부분이 대법원 판결과 결정이 나올 무렵 타계하였다.

처음부터 제기되었던 부분이지만 원래 가해국의 법원에서 가해국이 저지른 범죄를 재판할 수 있을까? 가해국의 법정은 피해자에게 처음부터 매우 불리한 것은 아닌가? 이러한 의구심이 사실이 되었다고 할 수 있다. 그리고 법원은 법률이 없어서 보·배상금을 지불할 수 없다면서 국회에 입법을 촉구했다. 요컨대 행정, 입법, 사법의 삼권이 문제와 책임을 서로에게 미루면서 시간을 지체하여 피해자가 죽기를 기다리는 것 아니냐는 비난도 있었다.

다만 화해와는 달리 패소하면서 그 이후 입법을 통해 해결한 사례로는 대만과 재일의 일본 군인·군속의 전몰자 전상병자의 조위금 등의 지급(1987·88년, 2000년), 중국 잔류 일본인 지원법에 의한 지급(1994년), 시베리아 억류자 특별 조치법에 의한 지급(2010년) 등 네 가지 사례가 있다.

5. 한국의 소송이 개척한 근본적인 논의와 해결의 길

패소를 거듭하면서도 피해자와 유족은 일본에서의 재판 결과에 수긍하지 않았다.

2002년 이후 한국의 피해자들은 한국 법원에 소송을 제기하여 한일회담 때의 외교 회의록을 공개하도록 했다. 또한 '위안부'와 피폭자는 1965년 한일 청구권협정의 대상이 아니었다는 점을 확인하였다. 밀린 임금에 관해서도 한국 법원에서 일본 기업에 대한 지급 명령을 받아냈다. 외교 협상을 게을리 한 한국 정부(외교부 장관)도 부작위를 이유로 고소당했다.

한국에서 전후 보상 재판에 자극을 받아 일본 기업을 상대로 배상을 청구하는 소송이 중국에서도 이어졌다. 일본 정부와 일본 기업을 상대로 한 소송이 피해국인 한국과 중국에서 이뤄진 것은 일본의 변호사와 연구자들도 예상하지 못하였다. 물론 일본 정부도 예상하지 못했다.

종래의 상식을 뒤집는 전후 보상을 둘러싼 새로운 사법 상황이 지금 동아시아에서 출현하고 있다. 패소한 피해자, 지원자, 일본 변호사들의 고투가 한국과 중국의 변호사와 지원자에게 격려와 새로운 사명감을 주었다고 한다. 현재 동일한 원고 대 피고로 싸운 동일한 사례에서 일본 법원에서는 무죄(원고=피해자 패소), 한국 법원에서는 유죄(피고=일본 기업 패소)라는 정반대의 판결이 나오는 초유의 사태가 이어지고 있다. 바다를 사이에 두고 전혀 다른 판결이 나온 것 때문에 재판 제도와 그 결과에 대해 어떻게 대처해가면 좋을지 한일 양국은 전대미문의 과제에 직면해 있다.

일본 내에서는 일부를 제외하고 거의 성과를 내지 못한 전후 보상 재판이었지만, 문제 제기가 가능했었다는 것, 한국에서의 소송으로 이어진 사실 등 평가할 수 있는 측면도 있다. 그러나 사법의 벽을 넘었다고 말할 수 없으며, 한국에서 향후 재판 결과를 주시하고 싶다.

(번역: 최종길)

참고문헌

内海愛子·田中宏·ほか監修(編集委員会編),『ハンドブック·戦後補償』, 梨の木舎, 1992.
田中宏·有光健ほか,『未解決の戦後補償』, 創史社, 2013.
中山武敏·有光健ほか,『未解決の戦後補償Ⅱ·戦後70年·残される課題』, 創史社, 2015.
瑞慶山茂編,『法廷で裁かれる日本の戦後責任』, 高文研, 2014.
栗原俊雄,『戦後補償裁判』, NHK出版新書, 2016.

	소송 이름	담장 법원	제소, 항소·상고	판결·취하		확정
1	손진두 수첩 재판	후쿠오카 지법 후쿠오카 고법 대법원	'72. 3. 7 '74. 4. 12 '75. 7. 31	'74. 3.30 '75. 7. 7 '78. 3. 30	인용 인용 인용	확정
2	대만인 전 군속 군사 우편 저금 시가 지급 청구 소송	도쿄 지법 도쿄 고법 대법원	'77. '78.	'77. 1. 26 '78. 5. 23 '82. 10. 15	기각 기각 기각	확정
3	치요다 생명 보험 지급 청구 소송	도쿄 지법 도쿄 고법	'78	'78. 1. 26	기각	확정
4	국고 채권 지급 청구 소송(홍콩)	도쿄 지법 도쿄 고법	'80	'80. 3. 25	기각	확정
5	대만인 전시 저축 채권 지급 청구 소송	도쿄 지법 도쿄 고법	'80	'80. 10. 31 '84. 7. 30	인용 인용	확정
6	대만인 군표 시가 환급 청구 소송	도쿄 지법 도쿄 고법	'80	'80. 11. 17 '82. 4. 27	기각 기각	확정
7	사할린 잔류자 귀환 청구 소송	도쿄 지법	'75. 12. 1	'89. 6.15	취하	확정
8	대만인 전 일본병사 전사상 보상 청구 소송	도쿄 지법 도쿄 고법 대법원	'77. 8. 13 '82 '85	'82. 2. 26 '85. 8. 26 '92. 4. 28	기각 기각 기각	확정
9	사할린 잔류 한국인 보상 청구 소송	도쿄 지법	'90. 8. 29	'95. 7. 14	취하	확정
10	한국 태평양전쟁 유족회 국가 배상 청구 소송	도쿄 지법	'90. 10. 29			
11	재일 동포 원호 법의 원호를 받는 지위 확인 소송(정상근 재판)	오사카 지법 오사카 고법 대법원	'91. 1. 31 '95. 10. 20 '99. 9	'95. 10. 11 '99. 9. 10 '01. 4. 13	각하 기각 기각	확정
12	제암리 사건 공식 사죄 및 배상 의무 확인 청구 소송	도쿄 지법	'91.7.15	'99.3.26	취하 간주	확정
13	사할린 가미시즈카 한국인 학살 사건 사과 등 청구 소송	도쿄 지법 도쿄 고법	'91. 8. 17 '95. 8. 9	'95. 7. 27 '96. 8. 7	기각	확정
14	일본강관 손해 배상 청구 소송 (김경석 재판)	도쿄 지법 도쿄 고법	'91. 9. 30 '97. 5. 29	'97. 5. 26 '99. 4. 6	기각 화해	확정
15	한국인 B·C급 전범 국가 보상 등 청구 소송	도쿄 지법 도쿄 고법 대법원	'91. 11. 12 '96. 9. 19 '98. 7. 14	'96. 9. 9 '98. 7. 13 '99. 12. 20	기각 기각 기각	확정

16	아시아 태평양전쟁 한국인 희생자 보상 청구 소송	도쿄 지법 도쿄 고법 대법원	'91. 12. 6 '01 '03	'01. 3. 26　기각 '03. 7. 22　기각 '99. 12. 20　기각	확정
17	강제 징병 징용자 등에 대한 보상 청구 소송(한국강원도유족 회소송)	도쿄 지법 도쿄 고법 대법원	'91. 12. 12 '96. 12. 6 '02	'96. 11. 22　기각 '02. 3. 28　기각 '03. 3. 28　기각	확정
18	김순길 미쓰비시조선 손해 배상 청구 소송	나가사키 지법 후쿠오카 고법 대법원	'92. 7. 31 '97. 12. 9 '99. 10	'97. 12. 2　기각 '99. 10. 1　기각 '03. 3. 28　기각	확정
19	원호법 상해 연금 지급 거부 결정 취소 소송(재일조선인 진 씨, 석 씨 재판)	도쿄 지법 도쿄 고법 대법원	'92. 8. 13 '94. 7. 26 '98. 10. 13	'94. 7. 15　기각 '98. 9. 29　기각 '01. 4. 5　기각	확정
20	우키시마마루 피해자 배상 청구 소송	교토 지법 오사카 고법 대법원	'92. 8. 25 '01. 9. 3 '03. 6. 13	'01. 8. 23　일부 인용 '03. 5. 30　기각 '04. 11. 30　기각	확정
21	대일 민간 법률 구조회 불법 행위 책임 존재 확인 등 청구 사건(일제침략의 피해자와 유족 369명의 사죄청구소송)	도쿄 지법 도쿄 고법 대법원	'92. 8. 28 '96. 3. 26 '98. 10. 13	'96. 3. 25　기각 '99. 8. 30　기각 '03. 3. 27　기각	확정
22	후지코시 강제 연행 노동자에 대한 미지급 임금 등 청구 소송	후지야마 지법 나고야고법 　가나자와지부 대법원	'92. 9. 30 '96. 8. 6 '98. 12. 25	'96. 7. 24　기각 '98. 12. 21　기각 '00. 7. 11　화해	확정
23	김성수 국가 배상 청구 소송	도쿄 지법 도쿄 고법 대법원	'92. 11. 5 '98. 7. 6 '00	'98. 6. 23　기각 '00. 4. 27　기각 '01. 11. 16　기각	확정
24	시베리아 억류 재일한국인 국가 배상 청구 소송(이창석)	교토 지법 오사카 고법 대법원	'92. 11. 9 '98. 4. 1 '00	'98. 3. 27　각하 '00. 2. 23　기각 '02. 7. 18　기각	확정
25	부산 종군 위안부 여자 정신대 공식 사과 청구 사건	야마구치 지법 　사모노세키 지부 히로시마 고법 대법원	'92. 12. 25 '98. 5. 1 '01. 4. 12	'98. 4. 27　일부 인용 '01. 3. 29　기각 '03. 3. 25　기각	확정
26	필리핀 '위안부' 국가 보상 청구 사건	도쿄 지법 도쿄 고법 대법원	'93. 4. 2 '98. 10. 23 '00. 12. 20	'98. 10. 9　기각 '00. 12. 6　기각 '03. 12. 25　기각	확정

27	재일한국인 종군 위안부 사죄와 보상 청구 사건(송신도)	도쿄 지법 도쿄 고법 대법원	'93. 4. 5 '99. 10. 7 '00. 12. 12	'99. 10. 1 '00. 11. 30 '03. 3. 28	기각 기각 기각	확정
28	광주 천인 소송	도쿄 지법 도쿄 고법 대법원	'93. 6. 30 '98. 12. 21	'98. 12. 21 '99. 12. 21	기각 기각 각하	확정
29	홍콩 군표 보상 청구 소송	도쿄 지법 도쿄 고법 대법원	'93. 8. 13 '99 '01. 2	'99. 6. 17 '01. 2. 8 '01. 10. 16	기각 기각 기각	확정
30	재일한국인 강부중 원호법의 원호를 받을 지위 확인 소송	오오츠 지법 오사카 고법 대법원	'93. 8. 26 '97. 11. 21 '99. 10	'97. 11. 17 '99. 10. 15 01. 4. 13	각하 기각 기각	확정
31	인골 소각 금지 주민 소송	도쿄 지법 도쿄 고법 대법원	'93. 9. 2 '94. 12. 16 '95. 12. 27	'94. 12. 5 '95. 12. 20 '00. 12. 19	기각 기각 기각	확정
32	네덜란드인 포로·민간 억류자 손해 배상 청구 사건	도쿄 지법 도쿄 고법 대법원	'94. 1. 24 '94. 12. 2 '01. 10	'98. 11. 30 '01. 10. 11 '04. 3. 30	기각 기각 기각	확정
33	김성수 연금 청구 기각 처분 취소 청구 소송	도쿄 지법 도쿄 고법 대법원	'95. 1. 18 '98. 8. 4	'98. 7. 31 '99. 12. 27 '01. 11. 16	기각 기각 기각	확정
34	영국 등 포로·민간 억류자 손해 배상 청구 소송	도쿄 지법 도쿄 고법 대법원	'95. 1. 30 '98. 11. 26 '02	'98. 11. 26 '02. 3. 27 '04. 3. 30	기각 기각 기각	확정
35	한국인 전 B·C급 전범 공식 사죄 및 배상 청구 소송	도쿄 지법 도쿄 고법 대법원	'95. 5. 10 '99. 4. 6 '00	'99. 3. 24 '00. 5. 25 '01. 11. 22	기각 기각 기각	확정
36	가시마 하나오카 광산 중국인 강제 연행 등 손해 배상 청구 소송	도쿄 지법 도쿄 고법	'95. 6. 28 '97. 12. 11	'97. 12. 10 '00. 11. 29	기각 화해	확정
37	중국인 '위안부' 손해 배상 청구 소송(제1차)	도쿄 지법 도쿄 고법 대법원	'95. 8. 7 '02. 6. 12 '04. 12. 27	'01. 5. 30 '04. 12. 15 '07. 4. 27	기각 기각 기각	확정
38	731·난징 학살 등 손해 배상 청구 소송(중국)	도쿄 지법 도쿄 고법 대법원	'95. 8. 7 '99 '05	'99. 9. 22 '05. 4. 19 '07. 5. 9	기각 기각 기각	확정

39	일본제철 한국인 징용 손해 배상 등 청구 소송	도쿄 지법 도쿄 고법 대법원	'95. 9. 22 (대 정부) '03 '05	'97.9 대 신일철 화해 '03. 3. 26 기각 '05. 9. 29 기각 '07. 1. 29 기각	확정
40	미쓰비시 히로시마 징용 피해자 미지급 임금 등 청구 소송(한국)	히로시마 지법 히로시마 고법 대법원	'95. 12. 11 '99. 4. 2 '05. 2. 1	'99. 3. 25 기각 '05. 1. 19 일부 인용 '07. 11. 1 일부 인용	확정
41	중국인 '위안부' 손해 배상 청구 소송(제2차)	도쿄 지법 도쿄 고법 대법원	'96. 2. 23 '02. '05	'02. 3. 29 기각 '05. 3. 18 기각 '07. 4. 27 기각	확정
42	劉連仁 강제 연행·강제 노동 손해 배상 청구 소송(중국)(중국인 강제연행 도쿄 제1차 소송)	도쿄 지법 도쿄 고법 대법원	'96. 3. 25 '01. 7. 23 '05. 6. 27	'01. 7. 12 일부 인용 '05. 6. 23 기각 '07. 4. 27 기각	확정
43	핑딩산(平頂山) 주민 학살 사건 손해 배상 청구 소송(중국)	도쿄 지법 도쿄 고법 대법원	'96. 8. 14 '02. 7. 8 '05. 5	'02. 6. 28 기각 '05. 5. 13 기각 '06. 5. 16 기각	확정
44	시베리아 억류 일본군 사과·손해 배상 청구 소송	도쿄 지법 도쿄 고법 대법원	'96. 9. 25 '00.2 '00	'00. 2. 9 기각 '00. 8. 31 기각 '02. 3. 8 기각	확정
45	일본군 유기 독가스·포탄 피해 제1차 소송(중국)(국가 측 항소)	도쿄 지법 도쿄 고법 대법원	'96. 12. 9 '03. 10. 3	'03. 9. 29 인용 '07. 7. 18 기각 '09. 5. 26 불수리(不受理)	확정
46	한국인 여자 정신대 공식 사죄 및 손해 배상 청구 소송(東京麻糸)(帝人이 위로금지급)	시즈오카 지법 도쿄 고법 대법원	'97. 4. 14 '00 '02	'00. 1. 27 기각 '02. 1. 15 기각 '03. 3. 27 기각	확정
47	731부대 세균전(절강성·후난성)국가 배상 청구 소송	도쿄 지법 도쿄 고법 대법원	'97. 8. 11 '02. 9. 3 '05. 7. 20	'02. 8. 27 기각 '05. 7. 19 기각 '07. 5. 9 기각	확정
48	중국인 42명 국가·기업 손해 배상 및 사과 광고 청구 소송(중국인 강제연행 도쿄 제2차 소송)	도쿄 지법 도쿄 고법 대법원	'97. 9. 18 '03. 3. 19 '06. 3	'03. 3. 11 기각 '06. 3. 16 기각 '07. 6. 15 기각	확정
49	일본군 유기 독가스·포탄 피해 제2차 소송(중국)	도쿄 지법 도쿄 고법	'97. 10. 16 '03. 5	'03. 5. 15 기각 '07. 3. 13 기각 '09. 5. 26 불수리(不受理)	확정
50	재일 대만인 유족 미지급 교원 연금 지급 청구 소송	도쿄 지법	'97. 11. 12		

51	중국인 강제 연행 강제 노동 손해 배상 청구 나가노 소송(니시마쓰 건설 183명 1억 2800만 엔)	나가노 지법 도쿄 고법 대법원 도쿄간이법원	'97. 12. 22 '06. 3 '10. 4. 26	'06. 3. 10　기각 '09. 9. 17　기각 '11. 2. 24　불수리(不受理) 화해	확정
52	닛테츠 오사카 제철소 징용 손해 배상 청구 소송	오사카 지법 오사카 고법 대법원	'97. 12. 24 '01. '02	'01. 3. 27　기각 '02. 11. 19　기각 '03. 10. 9　기각	확정
53	니시마쓰 건설 중국인 강제 연행 강제 노동 손해 배상 청구 소송('09.10.27 도쿄 간이법원에서 즉시화해, 360명 2억 5천만 엔)	히로시마 지법 히로시마 고법 대법원 도쿄간이법원	'98. 1. 16 '02. 7. 10 '04. 7. 9 '09. 10. 27	'02. 7. 9　기각 '04. 7. 9　인용 '07. 4. 27　기각 화해	확정
54	대만 출신 B·C급 전범 손해 배상 청구 소송	미야자키 지법 후쿠오카 고법 　미야자키 지부 대법원	'98. 5. 7 '01 '02	'01. 2. 23　기각 '02. 5. 21　기각 '04. 4. 23　기각	확정
55	오오에야마 니켈 광산 강제 연행 강제 노동 손해 배상 청구 소송	교토 지법 오사카 고법 대법원	'98. 8. 14 '03. 1 '06	'03. 1. 15　기각 '04. 9. 29　일본치금 화해 '06. 9. 27　기각 '07. 6. 12　기각	확정
56	재한 피폭자 건강관리 수당 수급권자 지위 확인 소송(곽귀훈 재판)	오사카 지법 오사카 고법	'98. 10. 1 '01. 6. 15	'01. 6. 1　인용 '02. 12. 5　인용	확정
57	중국인 성폭력 피해자 사과 손해 배상 청구 사건(산서성)	도쿄 지법 도쿄 고법 대법원	'98. 10. 30 '02. 5. 8 '03. 4	'03. 4. 24　기각 '05. 3. 31　기각 '05. 11. 18　기각	확정
58	미쓰비시 나고야·조선 여자 근로 정신대 소송	나고야 지법 나고야 고법 대법원	'99. 3. 1 '05. 3. 9 '07. 6	'05. 2. 24　기각 '07. 5. 13　기각 '08. 11. 11　기각	확정
59	최규명 일본생명의 기업 책임을 묻는 재판	오사카 지법	'99. 3. 1		
60	주한 피폭자 이강녕 건강관리 수당 수급권자 지위 확인 소송	나가사키 지법 후쿠오카 고법 대법원	'99. 5. 31 '02. 1. 8 '03. 2. 17	'01. 12. 26　인용 '03. 2. 7　인용 '06. 6. 13　기각	확정
61	대만인 '위안부'손해 배상 및 사과 청구 소송	도쿄 지법 도쿄 고법 대법원	'99. 7. 14 '02. 10 '04. 2. 18	'02. 10. 15　기각 '04. 2. 9　기각 '05. 2. 25　기각	확정

62	니가타항 중국인 강제 연행 강제 노동 사건 니가타 소송	니가타 지법 도쿄 고법 대법원	'99. 8. 31 '04. 3. 29	'05. 3. 26 인용 '07. 3. 14 기각 '08. 7. 4 기각		확정
63	중국인 강제 연행 홋카이도 소송	삿포로 지법 삿포로 고법 대법원	'99. 9. 1 '04. 4. 1	'04. 3. 23 기각 '07. 6. 28 기각 '08. 7. 8 기각		확정
64	이수영 난징 대학살 명예 훼손 소송(중국)	도쿄 지법 도쿄 고법 대법원	'99. 9. 17 '02. 5 '03. 4	'02. 5. 10 인용 '03. 4. 10 인용 '05. 1. 21 인용		확정
65	한국인 징용 공탁금 반환 청구 제1차 소송(닛테츠 카마이시)	도쿄 지법 도쿄 고법 대법원	'00. 4. 27 '04. 10 '05. 12	'04. 10. 15 기각 '05. 12. 14 기각 '07. 1. 29 기각		확정
66	중국인 강제 연행 후쿠오카 소송	후쿠오카 지법 후쿠오카 고법 대법원	'00. 5. 10 '02. 4. 26 '04. 6. 4	'02. 4. 26 일부 인용 '04. 5. 24 기각 '07. 4. 27 기각		확정
67	한국 군인·군무원 유족 야스쿠니 합사 금지 유골 반환·사과·보상 청구 소송	도쿄 지법 도쿄 고법 대법원	'01. 6. 29 '06	'06. 5. 25 기각 '09. 10. 29 기각 '11. 11. 30 불수리(不受理)		확정
68	중국 하이난 섬 전시 성폭력 피해자 명예 회복 등 청구 소송	도쿄 지법 도쿄 고법 대법원	'01. 7. 16 '06.	'06. 8. 30 기각 '09. 3. 26 기각 '10. 3. 2 불수리(不受理)		확정
69	주한 피폭자 이재석 건강관리 수당 수급권자 지위 확인 소송	오사카 지법	'01. 10. 3	'03. 3. 20 인용		확정
70	한국인 징용 공탁금 반환 청구 제2차 소송(닛테츠 카마이시)	도쿄 지법 도쿄 고법 대법원	'02. 4. 27 '06	'04. 12. 27 기각 '06. 4. 25 기각 '07. 1. 29 기각		확정
71	중국인 강제 연행 야브즈카·쓰키요노 사건 군마 소송	마에바시 지법 도쿄 고법 대법원	'02. 5. 27 (제3소법정)	'07. 8. 29 기각 '10. 2. 17 기각 '11. 3. 1 기각		확정
72	중국인 강제 연행 후쿠오카 제2차 소송	후쿠오카 지법 후쿠오카 고법 대법원	'03. 2. 28 '06. 4. 11 '09. 3. 24	'06. 3. 29 기각 '09. 3. 9 기각 '09. 12. 24 불수리(不受理)		확정
73	한국 한센병 보상 청구 기각 처분 취소 소송	도쿄 지법 도쿄 고법	'03. 3. 23 '05. 10. 26	'05. 10. 25 기각 '06. 2 취하		취하
74	대 후지코시 강제 연행 노동자에 대한 미지급 임금 등 청구 2차 소송	후쿠야마 지법 나고야 고법 대법원	'03. 4. 1	'07. 9. 19 기각 '10. 3. 8 기각 '11. 10. 24 불수리(不受理)		확정

75	한국 시베리아 억류자 등 전 군인·군속 합사 절지 보상 등 청구 이차 소송	도쿄 지법	'03. 6. 12	*67에 병합	병합
76	정부·미쓰비시 광산 중국인 원폭 피해자 유족 손해 배상 청구 소송(국가·현·미츠비시 머티리얼 등 2사)	나가사키 지법 후쿠오카 고법 대법원	'03. 11. 28 '07. 4. 6	'07. 3. 27 기각 '09. 12. 24 불수리(不受理)	확정
77	재한 피폭자 건강관리 수당 수급권자 지위 확인 소송(최계철 재판, '05.10.7 상고단념)	나가사키 지법 후쿠오카 고법	'04. 2. 22 '04. 10. 7	'04. 9. 28 인용 '05. 9. 26 인용	확정
78	재한 피폭자 건강관리 수당 지급 소송(최계철)	나가사키 지법 후쿠오카 고법 대법원	'04. 5. 22	'05. 12. 20 일부 인용 '07. 1. 22 기각 '08. 2. 18 기각	확정
79	중국인 강제연행 미야자키 소송	나가사키 지법 후쿠오카 고법 대법원	'04. 8. 10 '07. 3. 26	'07. 3. 26 기각 '09. 3. 27 기각 '10. 5. 27불수리(不受理)	확정
80	주한 피폭자 장례비 지급 기각 취소·손해 배상 청구 소송	오사카 지법 오사카 고법	'04. 9. 21	'06. 2. 21 기각	
81	중국인 강제 연행 야마가타·사카타 소송	야마가타 지법 선다이 고법 대법원	'04. 12. 17	'08. 2. 12 기각 '09. 11. 20 기각 '11. 2. 18 불수리(不受理)	확정
82	대만 한센병 보상 청구 기각 처분 취소 소송(정부 측 공소)	도쿄 지법 도쿄 고법	'04. 12. 17 '05. 11. 8	'05. 10. 25 인용 '06. 2 취하	취하
83	최계철 재외 피폭자들 장례비 재판	나가사키 지법 후쿠오카 고법	'05. 3. 16	'05. 3. 8 인용 '05. 9. 26 인용	확정
84	미쓰비시 한국인 징용 피폭자 수첩 신청 기각 처분 취소 소송	히로시마 지법 히로시마 고법 대법원	'05. 6. 15 '06. 10. 5 '08. 9. 16	'06. 9. 26 기각 '08. 9. 2 기각 '09. 12. 22 불수리(不受理)	확정
85	중국인 강제 연행 사죄 보상 청구 나나오 소송	가나자와 지법 나고야 고법 대법원	'05. 7. 19	'08. 10. 31 기각 '10. 3. 10 기각 '10. 7. 15 불수리(不受理)	확정
86	충칭 대학 폭격 피해자 배상 청구 소송(제2차 '08.7.4, 제3차 08.12.3, 제4차 제소 '09.10.5)	도쿄 지법 도쿄 고법	'06. 3. 30 '15	'15. 2. 25 기각 '17. 3. 17 공소심 제2회 구두변론	

87	치치하얼 유기 독가스 사건 의료 지원·생활 지원 제도 요구 소송	도쿄 지법 도쿄 고법	'07. 1. 25	'10. 5. 24 기각 '12. 9. 21 기각	
88	사할린 잔류 한국인 우체국 저금 반환 소송	도쿄 지법	'07. 9. 25		
89	통카(敦化)유기 독가스 피해 소송	도쿄 지법	'08. 1. 17		
90	중국인 강제 연행·오사카·하나오카 국가 배상 청구 재판	오사카 지법	'15. 2. 26	'17. 2. 10 제6회 구두 변론	

일본 법원에 제소된 재판만을 대상으로 하였으며, 일본인만을 원고(보상 대상)로 한 소송은 제외하였다. 미국, 한국, 중국에서도 제소되고 있다.

※ 추가 제소가 있는 소송의 제2차분 이후의 제소 연월일은 심리법정이 제1차와 같은 경우에는 생략하였다.

정리 신타니 치카코(新谷ちか子)·아리미츠 켄

협력 전후 보상 네트워크, 전후 보상 문제를 생각하는 변호사 연락 협의회, 재일 위안부 재판을 지지하는 모임

6

강제동원 재판, 남겨진 과제는 무엇인가

최나진

1. 들어가며

　일제 강점기 강제동원된 사람들의 이야기를 다룬 영화나 소설들이 최근 10년을 전후하여 세상의 관심을 받고 있다. 대중의 관심과 더불어 2013년 이 후, 일본 전범 기업을 대상으로 한 국내의 손해배상재판은 현재 11건의 민사소송이 소송 계류 중이다. 강제동원 피해자들이 입은 손해에 대하여 법적인 권리구제 방안이 가능할지 여부를 살펴봄에 있어서, 1965년 6월 22일 '국교정상화를 위한 대한민국과 일본국 간의 기본관계에 관한 조약'과 그 부속협정의 하나인 '대한민국과 일본국 간의 재산 및 청구권에 관한 문제의 해결과 경제협력에 관한 협정'(이하 '청구권협정')이 그 기준이 된다. 태평양전쟁이 종전된 후 1951년 9월 8일 미국 샌프란시스코에서 미국, 영국 등을 포함한 연합국과 일본국은 전후 배상문제를 해결하기 위하여 대일평화조약(이하 '샌프란시스코 평화조약')을 체결하였다. 그리고 1951년 말경부터 대한민국 정부와 일본국 정부 사이에 국교정상화 및 전후 보상 문제가 논의된 후 체결된 것이 1965년 청구권협정이다. 일제 강점기에 행해진 강제동원으로 인하여 재산적, 정신적 손해를 입은 피해자들이 자신이 가진 권리를 행사하여 민사적인 법적 구제를 받을 수 있는 지 여부에 대하여 민사법적인 법리를 살펴보고, 더불어 장래를 향하여 남아 있는 문제를 짚어보고자 한다.

2. 1951년 샌프란시스코 평화조약과 1965년 한일 청구권협정

우리나라 법원에서는 1965년의 청구권협정은 1951년의 샌프란시스코 평화조약(이하 샌프란시스코 평화조약) 제4조에 근거하여 한일 양국 간의 재정적, 민사적 채권, 채무관계를 정치적 합의에 의하여 해결하기 위한 것으로 보고 있다(대법원 2012. 5. 24. 선고 2009다22549 판결 참조). 그러나 1965년 청구권협정의 근거가 된 샌프란시스코 평화조약이 강력한 법적인 구속력을 가진다고 보기보다는, 정치적 차원에서 접근하여 샌프란시스코 평화조약의 의미를 파악해야 한다.

샌프란시스코 평화조약에서 승전국과 일본 간의 국가적 차원, 그리고 해당 국가의 국민차원에서 포기하기로 약정한 청구권의 내용은 재산과 채권에 관한 것(제2조 (a)호, (b)호)이다. 그리고 이는 물적, 인적, 정신적 손해를 포함하고 있다(제14조). 동 조약 제4조는 제2조에서 정한 특정 영역과 관련하여 발생하는 재산과 채권을 포함하는 청구권을 대상으로 하고 있고, 제14조에서의 청구권은 전쟁 수행과정, 전시점령, 전쟁상태로 인하여 행해진 행위로 인하여 발생한 것을 의미한다. 이러한 청구권이 생기게 된 원인은 모두 전쟁으로 인한 것이다. 샌프란시스코 평화조약 제19조에서는 일본과 일본의 자국민이 연합국과 연합국의 국민에게서 전쟁 중에 또는 전쟁으로 인하여 행해진 행위로 인해 발생한 청구권을 포기한다고 서명하였다. 무엇보다도 이러한 승전국의 서명에 대한민국과 조선인민주의 공화국은 당사자로 들어가지 않았다. 한국은 이 조약의 당사국이 아니었고, 조약의 상대효 원칙(pacta tertiis nec nocent nec prosunt)에 따라 이 조약에 구속되지 않는다는 점을 상기할 때, 조약의 당사국이 아니었던 대한민국에서 샌프란시스코 평화조약과 1965년 협정 간의 상위법과 하위법 관계를 설정할 수는 없다. 그러므로 샌프란시스코 평화조약의 경우는 전승국, 패승국과 관련하여 제2차 세계대전에 대한 배상 문제로써 세계 각국이 당사자로 체결한 조약이지만, 대한민국은 샌프란시스코 평화조약의 영향을 받는 것은 아니라는 점을 기억해야 한다(대법원 2012. 5. 24. 선고 2009다22549 판결 참조).

1965년의 청구권협정을 해석함에 있어서, 샌프란시스코 평화조약 제4조와 관계없이 1965년 청구권협정 그 자체로 보아야 한다. 특정한 불법행위로 인하여 입은 개인의 손해에 대한 법적 배상은 2차 대전으로 인한 샌프란시스코 평화조약의 협상 범위에 포함되는 문제가 아니다. 이는 대한민국과 일본이 체결한 1965년 청구권협정을 통하여 해석해보아야 할 뿐이다. 또한, 조약의 문헌 전체를 해석할 때, 일본과 전승국들 사이에 과거의 식민지 지배를 통한 지역의 언급과 더불어 식민지 아니었던 곳도 함께 언급하고 있다는 것을 보더라도, 샌프란시스코 평화조약은 다수의 당사자들을 상대로 하여 전쟁으로 인한 문제의 해결을 중심으로 하는 조약일 뿐, 식민지 지배와 관련한 한국과 일본만의 문제를 배상하고자 한 것은 아님을 알 수 있다.

3. 1965년 청구권협정의 물적 대상 포섭 여부

1965년 청구권협정은 일본이 한국에 무상 3억 달러, 유상 2억 달러를 제공하는 것으로 금액 및 해결방식에 타결이 이루어졌다. 1965년 청구권협정의 체결과정을 살펴보면, 국가 대 국가 차원에서 포괄적, 정치적으로 청구권 문제가 협의되었다는 점을 알 수 있다. 하지만 이러한 협상 내용에서 개인의 청구권이 한국과 일본의 분쟁 해결의 필수적인 조항이 되었다고 볼 수는 없으며, 명확하게 개인의 권리가 모두 소멸되었다는 해석조차 명확하지 않다.

1965년 청구권협정의 협상과정에서 나타난 한국 정부의 태도를 보면, 강제동원된 한국인의 개인청구권을 원천적으로 차단하려는 의도를 가졌던 것은 아니고, 제8차에 걸친 한일회담에서 보여준 협상해결방식을 통하여 잠정적으로 손해배상금의 지불을 연기시킨 성격을 지닌 것에 불과한 것으로 볼 수 있다. 협정문을 해석함에 있어서 1차적인 것은 그 협정의 문언이다. 하지만 그 문언의 객관적 의미가 명확하지 않은 경우에 그 내용과 협상이 이루어지게 된 동기 및 경위, 당사자가 이 협상을 통하여 달성하려고 하는 목적과 당사자들의 진정한 의사 등을 종합적으로 고찰하여 사회정의와 형평의 이념에 맞도록 해석해야 한다. 1965년 청구권협정에서 한국과 일본의 첨예한 대립으로 인하여 양국이 의도적이든 아니든 개인의 법적책임에 대하여 언급하고 있지는 않았다. 이로 인하여 강제동원 피해자들의 청구권이 1965년의 청구권협정에 의하여 개인의 권리가 모두 소멸되었다는 주장에 대한 해석의 여지는 여전히 남아 있는 셈이다. 한일회담의 협상과정을 살펴볼 때, 오히려 개인이 가진 손해배상청구권 문제가 1965년 청구권협정에서 유보된 문제라고 보는 것이 타당하다. 국가 대 국가 차원에서 개인이 배제된 채, 포괄적, 정치적으로 청구권 문제가 협의되었던 1965년 청구권협정 과정에서 개인의 청구권소멸에 대한 쟁점이 양 측의 협상 내용과 목적의 필수적인 조항이라고 볼 수 있는 근거 또한 존재하지 않는다.

무엇보다도 국가는 별개의 법인격인 개인의 동의 없이 개인의 청구권을 직접 소멸시킬 수 없다. 실제 한일 협정에서 개인청구권 소멸에 대한 명확한 양국 합의도 없기 때문에 개인이 가진 손해배상청구권은 1965년 청구권협정으로 소멸한 것이 아니라, 피해자들이 보유하고 있는, 여전히 살아있는 권리로서 그들만이 가진 권리라고 할 수 있다. 우리나라 법원에서도 2017년 3월, 근로정신대 피해를 입은 원고들이 후지코시 사를 상대로 청구한 손해배상사건에서 국가가 조약을 체결하면서 개인의 동의 없이 국민이 가진 개인청구권을 직접 소멸시킬 수 있다고 보는 것은 근대법의 원리와 상충한다고 판시함으로써, 국가 간의 합의만으로 개인이 가진 청구권을 일방적으로 소멸시킬 수는 없다는 것을 명확히 하고 있다(서울중앙지법 2017. 3. 16. 선고 2015가단92707 판결 참조).

결국, 1965년 청구권협정의 의미를 해석해보아도, 일본 정부와의 합의 속에는 국가 간의 배상문제에 대한 협의만 있을 뿐이지, 개인이 개인에게 청구할 수 있는 권리까지 모두 포기한 것으로 보기는 어렵다. 오히려 식민지 지배가 끝난 이후에, 일반적으로 겪은 고통에 대한 포괄적인 청구권에 대하여만 청구권협정 대상에 포함된 것으로 볼 수 있다. 즉, 이러한 문제는 식민통치 후의 국가 대 국가로 생긴 전체적인 의미의 배상 문제일 뿐이지, 특별한 불법행위로 인하여 손해를 입은 개개인의 손해배상청구권까지 포섭하고 있는 것이 아니다.

한국과 일본이 명확한 문구에 대하여 합의점을 찾지 못한 중요한 이유는 일본의 한반도 지배에 대한 합법성 또는 불법성 논란 때문이었다. 그러나 일본의 한국 지배 자체에 대한 합헌성 논란은 논외로 하더라도 강제동원 피해자 문제에 있어서 일본 사기업 또는 국영 기업 등에서 한반도의 노동력을 착취해가는 과정이 불법적이었는지, 합법적이었는지 여부는 별개의 문제이다. 2007년 히로시마 고등법원의 판결에서도 한국에서 일본으로 이송되는 과정의 불법성을 인정하고 일본국과 미쓰비시 사가 공동 불법행위자가 된다고 판시하였다(広島高等裁判所 平成11(ㅊ)206 판결문, 第3, 5, (一), (二)). 일본의 한반도 지배가 합법적인지 불법적인지 여부와 상관없이, 노동력 착취과정에서의 불법성이 인정됨으로써 강제동원 피해자가 입은 손해에 대하여 권리구제를 논할 수 있게 된다.

1965년 청구권협정으로 개인이 가진 손해배상청구권이 완전히 해결되었는지 여부에 대하여, 청구권협정에서 한일 양국의 합의한 금액이 가지는 성격이 또한 중요하다. 현재까지 공개된 자료들을 토대로 볼 때, 일본 정부가 한국 정부에 대해 한일회담 중 논의된 공탁금의 내역과 금액에 대해 상세한 정보를 제공했다고 보기에는 어렵다. 오히려 한국 정부는 공탁금에 관해 정확히 인식하지 못한 채 한일회담의 청구권협정을 마무리 지었다고 볼 수 있을 뿐이다. 1965년 청구권협정 제1조 제1항 (a)에서는 무상자금, 차관자금, 원화자금을 정의한다. 이후 1966년 2월 19일 제정된 우리나라의 「청구권자금의 운용 및 관리에 관한 법률」 제4조에서 무상자금은 경제발전에 이바지하는 사업을 위하여 사용한다고 규정한다. 이 차관자금은 중소기업, 광업과 기간산업 및 사회간접자본을 확충하는 사업, 원화자금은 무상자금과 차관자금이 활용되는 사업의 지원 또는 청구권자금관리위원회가 정하는 바에 사용한다고 규정함으로써 그 자금의 사용내용을 명확히 하고 있다. 이러한 내용을 볼 때, 일본에서 한국 정부에 제공한 경제적 지원금의 성격이 강제동원피해자의 손해배상금이라고 치부할 수는 없다.

4. 국내법 제정으로 인한 개인의 손해배상청구권 소멸 여부

1965년 청구권협정 이후, 일본은 재산법 조치법 제144호를 제정하여 일본 내에서 그 국민들이 가지는 손해배상청구권에 대한 내용을 구체적으로 실현시켰다. 이에 반하여 한국에서는 입법자가 개인들의 청구권을 소멸시키는 우리나라의 입법을 제정한 적이 없다. 1965년 이후 한국에서 제정한 「청구권 자금의 운용 및 관리에 관한 법률」과 그에 따른 「대일민간청구권 신고에 관한 법률」, 「대일민간청구권 보상에 관한 법률」 등이 후속 조치라고 볼 수 있다. 하지만, 이들의 입법목적을 살펴보면, 자금을 효율적으로 운용, 관리하기 위한 것임을 피력하고 있을 뿐이다. 또한, 「청구권 자금의 운용 및 관리에 관한 법률」 제5조 제1항에서 일본국에 대한 민간 청구권은 청구권 자금으로 보상한다고 규정하였으나, 개인이 가진 민간청구권에 대한 규정은 없다는 것을 주목할 필요가 있다.

1965년 이후 한국에서 제정한 「청구권 자금의 운용 및 관리에 관한 법률」과 그에 따른 「대일민간청구권 신고에 관한 법률」, 「대일민간청구권 보상에 관한 법률」의 규정 어느 곳에도 일본 사기업에 대한 개인의 손해배상청구권이 소멸했다는 조항이 존재하지 않는다. 오히려 2010년 제정된 「대일 항쟁기 강제동원 피해조사 및 국외강제동원 희생자 등 지원에 관한 특별법」 제14조에서는 "누구든지 이 법에 따라서 위원회에 한 신청·신고·진술·자료제출 등의 이유로 불이익을 받지 아니한다"고 규정함으로써 불이익을 금지하고 있을 뿐인데, 동

법률을 통한 신청이나 신고 등으로 이 후 피해를 입힌 일본 기업에 대한 손해배상청구권에 대한 소권이 사라진다는 근거가 되지는 못한 다. 이러한 국내법의 문구에서 오히려 개인의 손해배상청구권을 소 구하는 것을 배제하는 것은 국내법으로 인하여 불이익을 받는 것 중 의 한 가지로 볼 수 있기 때문에 오히려 개인이 가진 손해배상청구권 을 소구할 수 있도록 하는 규정으로 볼 수 있을 뿐이다.

5. 소멸시효 제도의 적용 여부

2013년 법원에서는 강제동원 피해자들이 소를 행사할 수 없었던 사유를 인정하였다. 이에 대한 근거로써 미쓰비시 사의 불법행위가 있은 후 1965년 6월 22일 한일 간의 국교가 수립될 때까지 일본과 대 한민국 사이의 국교가 단절되어 있어서 설사 대한민국에서 소를 제 기하여 판결을 받았더라도 집행할 수 없었다. 이후 한일 청구권협정 관련 문서가 공개되지 않았기 때문에, 개인청구권은 1965년 청구권 협정으로 포괄적으로 해결된 것이라는 인식이 지배적이었다. 법원에 서는 1995년에 이르러 강제동원피해자들이 일본에서 소송을 제기하 고, 2000년에 이르러서야 대한민국에서 소를 제기할 때까지 원고에 게 객관적으로 권리를 사실상 행사할 수 없는 장애사유가 있었다는 점을 인정하였다. 그래서 우리 법원에서는 미쓰비시 사가 소멸시효 의 완성을 주장하여 원고들에 대한 채무의 이행을 거절하는 것은 현저히 부당하여 신의성실의 원칙에 반하는 권리남용으로서 허용될 수 없다는 입장이다(서울고등법원 2013. 7. 10. 선고 2012나44947 판결 참조).

하지만, 과거에 이와 유사한 사건에서 소멸시효는 권리를 행사할 수 있는 때로부터 진행한다고 규정한 민법 제166조 제1항의 예외를 인정하여 소멸시효 진행 자체를 인정하지 않았다. 이와 같이, 한일 간의 국교단절, 한일 청구권협정 관련 문서의 미공개 등의 제반 사실은 모두 권리행사가 객관적으로 불가능한 사유로서 모두 객관적 사실상의 장애사유에 해당한다고 보아, 소멸시효기간의 진행 자체를 인정하지 말았어야 한다는 점을 생각해볼 수 있다. 물론 손해배상채권이 반인도적인 전쟁범죄에 관련한 것이라는 사정만으로 무작정 소멸시효의 법리를 적용할 수 없다고 할 수는 없겠지만, 역사적 정치적 사실관계에 비추어 볼 때, 강제동원 피해자들이 가진 손해배상청구권에 대하여는 소멸시효의 기산점을 제한할 필요성이 존재한다. 유엔총회에서 2005년 12월 16일 심각한 인권침해 피해자 구제 및 피해회복 조치에 관한 원칙과 지침의 제7원칙에서 국제범죄 이외의 위반행위에 대한 국내시효규정이 부당히 제한받지 않을 것을 채택하였는데, 형사범죄와 관련해서 시효를 인정하지 않는 것과 동일하게 적용시키지 않더라도, 민사사건에서도 각국의 시효제도가 부당히 제한되지 않도록 해야 한다는 국제사회의 입장 역시 참고할 만하다.

6. 글을 마치며

강제동원 피해자들이 일본 기업에 가진 손해배상청구권을 행사하는 데 있어서 1951년의 샌프란시스코 평화조약은 관련이 되지 않는다. 샌프란시스코 평화조약은 전쟁의 문제를 해결하는 것이었고, 이 조약의 당사국이 아닌 한국을 구속하지 않는다. 강제동원 피해자들의 배상청구권의 논의에 대하여 1965년 청구권협정을 기준으로 봄에 있어서 1965년 청구권협정의 문언을 해석함에 있어서 개인이 가진 손해배상청구권은 협정 내용의 물적 대상이 되지 않았다. 그러므로 일반적인 청구권이 아니라, 특별한 불법행위가 있었던 경우에 그 개인이 입은 손해에 대하여 국가 대 국가로써 체결하는 조약으로 그 개인이 가지는 손해배상청구권을 개인의 동의 없이 포기할 수 없다.

일본에서는 강제동원 피해자의 손해배상청구권에 대하여 원고들이 가진 손해배상청구권 자체는 인정할 수 있으나, 1965년 청구권협정에 따라 즉시 실효된 것이 아니라, 그 협정에 따라 일본 내에서 만든 재산조치법 제1조를 통하여 1965년 6월 22일로서 소멸한 것으로 보고 있다. 반면에 우리나라에서는 1965년 이후 제정한 입법 규정 어느 곳에도 일본 사기업에 대한 개인의 손해배상청구권이 소멸했다는 조항이 존재하지 않는다. 만약 한국 정부가 국내법을 시행함으로써 개인의 청구권을 소멸시킨 경우라면 논의가 달라질 수 있겠으나, 일본과 달리, 한국 정부가 국내법을 통과시켜서 개인의 청구권을 소멸시키지는 않았다.

이러한 근거로 1965년 청구권협정에서 개인이 가진 손해배상청구권이 소멸되지 않고 살아있다면, 마지막으로 문제되는 법리는 소멸시효문제가 된다. 과거 우리나라의 하급심은 소멸시효 법리에 대하여 2007년 히로시마 고등법원의 판결과 동일한 입장으로 강제동원 피해자들에 대한 불법행위가 성립할 수는 있으나, 원고들이 가지는 손해배상청구권과 안전배려의무 위반에 대한 손해배상청구권 모두 시효로 소멸한 것으로 보았다. 이후, 2012년 우리나라의 대법원에서는 피고의 시효 소멸의 항변 자체가 권리남용에 해당한다고 판시하였다. 그러나 강제동원 피해자 사안은 반인도적 전쟁범죄로써 정치적 상황과 긴밀히 맞물려 개인의 소제기에 영향을 준 점을 인정하여야 한다. 피고의 권리남용으로써 접근하는 것이 아니라, 그 사실관계를 종합적으로 고려하여 개인이 가진 손해배상청구권의 소멸시효의 진행 자체를 인정하지 않는 것이 피해자 구제에 더 실질적으로 기여할 수 있을 것이라는 생각이 든다.

한국과 일본의 과거사로 인하여 극심한 정신적, 신체적 고통을 겪은 개개인들이 고통은 이루 말할 수 없을 것이다. 재판상 손해배상청구권을 인정받아 단순히 금전 배상을 통하여 소송을 제기하고 그 재판의 승소를 통해서만 완전히 해결되는 것은 아니라고 본다. 미국 하와이 대학교 로스쿨 교수인 야마모토 교수가 주장하는 "개선된 파라다임(repair paradigm)"에 대하여 생각해볼 필요가 있다. 이는 ① 특정한 단체에 의하여 역사적인 위법행위가 자행되었고, ② 이러한 행위는 피해자 단체의 물리적 생활상태와 심리적 상태에 손해를 야기하고, 현재까지도 그 손해는 지속되고 있으며, ③ 반대로 가해자와 피해자 단체의 현재의 관계에도 손해를 끼치고 있고, ④ 궁극적으로 더 큰 사회의 분열과 분화, 사회적 분열을 만들고 있는 경우에 미래지향적인 접근으로 가해자와 피해자간의 금전적인 배상을 넘어서는 것이 필요하다는 내용을 담고 있다.

배상금(reparation)의 개념을 법에 의한 금전적 구제를 통하여 금전적 손해배상으로 종결되는 것이 아니라, 누가 어디에서 궁극적으로 금전적인 형태의 구제를 하는 것인지, 가해자, 즉 일본 사기업의 공식적인 사과, 또는 금전배상과 더불어 사과가 통합된 형태인지 등 역시 고려해볼 필요가 있다. 법적인 해결, 재판의 승소는 필수적이긴 하지만, 이로써 그동안의 과거사 문제가 단칼에 해결되는 것은 아니라고 본다. 그 어떠한 금전배상도 피해자들이 오랜 시간 가지고 있었던 그 손해의 결과를 실질적으로 배상할 수는 없을 것이다. 하지만, 피해자들의 실질적인 권리구제를 위한 합리적인 법리를 통한 재판의 결과와 더불어, 판결의 집행에 대하여 피고가 어떠한 방식으로 이행하고 행위하는 지를 통하여 피해자들의 실질적인 권리구제는 좀 더 이루어질 수 있을 것이다. 그러므로 재판을 통한 배상금은 하나의 기본적인 방편일 뿐이고, 진실된 사과와 배상을 위한 가해자의 노력이 요구된다. 또한, 가해자와 피해자라는 관계를 떠나, 양측이 수평적이고 새로운 관계 확립을 통하여 양 측의 관계가 개선되도록 양측의 노력이 필요하다고 본다. 이는 단순히 법률적인 접근만으로 되는 것이 아니라, 지속적인 대중과 사회, 언론, 교육, 정치의 관심과 통일적인 태도가 함께 어우러질 때 진정한 미래지향적인 관계 확립에 도움이 될 수 있을 것이다.

참고문헌

강병근, "심각한 인권 침해를 이유로 제기된 불법행위청구소송과 국제법의 발전방향", 『국제법학회논총』 제58권 제1호, 2013.

------, "1965년 한일 협정의 '청구권'의 범위에 관한 연구", 『국제법학회논총』 제60권 제2호, 2015.

김창록, "한일 청구권협정에 의해 '해결'된 '권리'", 『법학논고』 제49권, 경북대학교 법학연구원, 2015.

남효순, "일제징용시 일본기업의 불법행위로 인한 손해배상청구권의 소멸시효 남용에 관한 연구 - 대법원 2012. 5. 24. 선고 2009다68620 판결", 『서울대학교 법학』 제54권 제3호, 2013.

오일환, "강제동원 한인 피해자 미수금 문제의 이해와 전개 - 한일회담 문서를 중심으로", 『숭실사학』 제34집, 2015.

유의상, "한일 청구권협정과 과거사현안의 해결에 대한 고찰", 『한국정치외교사논총』 제37권 제2호, 2016.

이근관, "한일청구권협정상 강제징용배상청구권 처리에 대한 국제법적 검토", 『서울대학교 법학』 제54권 제3호, 2013.

장박진, "강제징용 한국인 피해 문제에 대한 대(고등)법원 판결의 문제점 검토", 『일본공간』 제14권, 2013.

정인섭, "1965년 한일 청구권협정 대상범위에 관한 연구", 『성곡논총』 제25집, 1994.

Eric K. Yamamoto, *Racial Reparations: Japanese American Redress and African American Claims*, 40 B.C.L. Rev. 477, 1988.

7

도쿄 국제군사재판소,
무엇을 단죄하였는가

신희석

1. 문제 제기

도쿄 국제군사재판은 1946년 5월 3일부터 1948년 11월 12일까지 연합국 11개국의 검사단 및 재판부로 구성된 도쿄 국제군사재판소에서 1928년 장작림 폭살 사건부터 1945년 패전까지 일본의 전시 지도자 28명을 주요 전범으로 처벌하기 위하여 열린 재판이다. 피고인 28명 중 3명은 재판 중에 사망하거나 정신이상으로 판정되었으며, 나머지 25명은 평화에 반한 죄, 전쟁범죄 및 인도에 반한 죄로 유죄가 선고되었다. 이 중 7명은 교수형, 16명은 종신 금고형, 나머지 2명은 각각 20년 금고형과 7년 금고형이 내려졌으며, 사형은 1948년 12월 23일 일괄 집행되었다. 일본은 1952년 4월 28일 발효된 샌프란시스코 평화조약 제11조에서 도쿄 국제군사재판소를 비롯한 연합국 전범재판소의 판결을 수락하였다. 이는 1930년대 이후 일제의 불법적 침략전쟁과 잔학행위를 법적으로 확인하였다는 역사적 의의를 가진다.

물론 일본에서는 도쿄 국제군사재판이 승자의 정의에 불과하다는 냉소적 시각이나 무관심이 팽배한 것이 사실이다. 천황숭배와 군국주의의 상징이었던 야스쿠니 신사는 1978년 도쿄 국제군사재판에서 사형에 처해진 7인과 재판·복역 중 사망한 7인, 이른바 "A급 전범"이라 불리는 고위 전범 14명의 "혼신"을 합사했다. 일본의 침략전쟁과 잔학행위를 단죄한 도쿄 극동군사재판소의 판결을 인정할 수 없다는 일본 우익의 칭얼거림이었다. 때문에 피해국은 야스쿠니 참배에 비판적이고, 일본 국내에서도 별도의 국립 추모시설을 만들자는 주장이 있으나, 일본유족회와 우익의 반대로 지지부진하다.

그럼에도 불구하고 도쿄 국제군사재판이 증거로 남긴 방대한 기록과 평화에 반한 죄, 전쟁범죄의 심판은 역사적 유산으로 평가할 수 있다. 1990년대 이후 일본에서 과거사 담론이 활발해지면서 도쿄 재판에 대한 일본 우익의 비판이 격렬해진 것 또한 오히려 우익사관이 국내외에서 받아들여지지 않는 것에 대한 위기의식의 표출이라 할 수 있다.

2. 일본의 제2차 세계대전 패전과 도쿄 극동군사재판소의 설립

1930년대 경제 대공황의 여파 속에 일본은 군부 주도로 1931년 만주사변을 일으켜 만주국 괴뢰정부를 세웠고, 1937년 중국과 전면전에 돌입해 난징학살 등을 일으켰다. 한편, 독일에서는 1933년 수권법으로 전권을 장악한 히틀러의 나치정권이 반대파를 제거하고 유대인에 대한 조직적 박해에 나선 데 이어 1938년부터 독일계 주민 보호를 구실로 오스트리아, 체코슬로바키아를 위협하여 차례로 병합했다. 1933년 국제연맹이 만주사변을 비난하는 리튼 보고서를 채택하자 일본은 국제연맹에서 전격 탈퇴했으며, 베르사유 조약 타도를 공언한 나치 독일도 국제연맹을 탈퇴했다.

1939년 9월 독일은 전면전에 돌입하여 유럽 대륙을 석권하고 1941년 6월 소련을 침공했다. 독일은 도시를 무차별 폭격하고 민간인 인질을 학살했다. 뿐만 아니라 동유럽에 우월한 게르만족을 위한 레벤스라움(생존공간)을 확보한다는 나치 사상에 따라 유대인과 슬라브족 수백만 명을 강제로 이주시키거나 살해했다. 일본도 1941년 12월 진주만 폭격을 시작으로 미국·영국·네덜란드를 상대로 한 태평양 전쟁을 개시했는데, 동남아 점령지에서 생포한 연합군 포로 30만 명을 1929년 제네바 협약에 준용하여 대하기로 했다. 그러나 실제로는 가혹한 처우와 강제노동으로 사망률이 27.1%(독일 사망률은 3.6%)에 달했다.

1942년 1월 13일 나치 만행에 분노한 런던 주재 9개 망명정부(벨기에, 네덜란드, 유고슬라비아, 노르웨이, 그리스, 룩셈부르크, 폴란드, 체코슬로바키아, 자유 프랑스)는 전범 사법처리를 주요 전쟁목표로 천명한 세인트 제임스 선언을 내서 미국·영국·소련 3국의 동의를 얻어냈다. 한편, 미국·영국·소련 3국은 1943년 10월 30일 잔학행위에 관한 모스크바 선언에서 전후 독일의 일반전범은 피해국으로 송환해 사법처리하되,

"특정한 범죄지가 없는" 나치 수뇌부의 처벌은 3국의 "공동결정"에 맡긴다고 발표했다.

독일군의 침략으로 수백만 명이 학살된 소련은 1943년 12월 모스크바선언을 원용해 하리코프(Kharkov)에서 최초로 독일인을 전범재판에 세웠다. 1943년 10월 런던에서는 17개 연합국 전범위원회(UNWCC)가 활동을 시작했고, 중국의 요구로 1944년 5월 충칭에 일본의 전쟁범죄를 조사하기 위한 UNWCC 소위가 임시수도 충칭에 설치되었다. 그러나 제1차 세계대전 이후 전범재판의 실패를 경험한 영국의 처칠 총리는 모스크바 선언에 따라 일반전범은 각국 전범재판으로 처벌하되 나치 수뇌부는 재판 없이 총살하고, 나치의 자국 및 동맹국(불가리아, 헝가리, 루마니아) 유대인 학살도 국내문제로 무시할 것을 주장했다. 오히려 1930년대부터 정적들에 대한 극적인 인민재판을 즐겼던 스탈린이 나치 간부들의 재판을 선호했다.

한편, 미국은 처음에는 유대인 부호인 모겐소 재무장관의 주장대로 나치 지도자의 즉결처형을 지지했으나 월가 변호사 출신으로 법의 지배 원칙을 강조한 스팀슨 전쟁장관은 이에 반대했다. 결국 미국 정부는 나치 지도자도 재판에 회부하는 대신 전쟁 개시 및 유대인 학살도 기소하는 정책을 채택하여 영국과 소련의 동의를 얻었다. 패전 후, 독일과 일본은 무조건 항복으로 연합국의 완전한 군사점령 하에 놓였으며, 미국은 정당성과 신속성을 갖춘 국제군사재판을 통해 기록을 보존하고, 두 나라에 민주주의를 교육할 것을 노렸다.

미국의 나치 주요전범에 대한 재판의 세부계획 수립 및 다른 연합국과의 조율 및 기소는 로버트 잭슨 대법관에게 맡겨졌다. 잭슨은 영국의 유대인 국제법학자 허쉬 로터파크트의 조언에 따라 (1) 평화에 반한 죄, (2) 전쟁범죄, (3) 인도에 반한 죄를 관할범죄로 규정하고, 공동계획·모의를 추가하는 방안을 세웠다. 1945년 8월 8일 잭슨은 독일 공동 점령국인 영국·프랑스·소련과 체결한 런던 협정에 부속된 국제군사재판소 헌장(Charter of the International Military Tribunal)에 자신의 구상을 반영시켰다.

잭슨은 루스벨트 행정부에서 법무부장관으로 재직하면서 진주만 공격으로 미국이 참전하기 전부터 파시스트 세력에 맞서 싸울 것을 주장한 국제주의자였다. 특히 전후 미국내 고립주의 여론을 잠재우기 위해 잭슨은 국제재판에서 독일 침략의 불법성과 미국 참전의 정당성을 정립하는 것을 최우선 목표로 삼았다. 때문에 죄형법정주의에 반한다는 연합국 내 비판에도 불구하고 평화에 반한 죄, 공동계획·모의를 관철시켰다.

런던협정에 따라 뉘른베르크에 세워진 국제군사재판소는 미국·영국·프랑스·소련 4국의 재판부와 검사단으로 구성되었다. 1945년 11월 20일부터 1946년 10월 1일까지 진행된 처음이자 마지막 재판에서 나치 지도자 24명을 평화에 반한 죄, 전쟁범죄, 인도에 반한 죄 등으로 기소되었으며, 19명에게 유죄(12명 사형)가 선고되었다.

한편, 미국 내 고립주의자들이 루스벨트 행정부가 미국의 참전을 위해 일본의 진주만 공격을 유도했다고 주장하자 잭슨을 비롯한 국제주의자들은 이를 반박하기 위해 국제법원에서 일본의 전시 지도자들을 평화에 반한 죄로 단죄하기로 했다. 연합국은 앞서 1945년 9월 2일 항복문서에서 일본이 수락한 1945년 7월 26일 포츠담 선언 제10항에서 포로학대를 포함한 전쟁범죄의 처벌을 공약했다. 미국은 9월 11일 진주만 공격 당시의 도조 히데키 내각을 시작으로 주요전범 용의자 검거에 나섰다.

맥아더 연합국군 총사령관은 미 정부 지침(1945년 10월 2일 승인 SWNCC 57/3)에 따라 평화에 반한 죄, 전쟁범죄, 인도에 반한 죄의 조사 및 재판소 설립을 진행했다. 1945년 12월 6일 조셉 키난을 필두로 한 미국 검사단이 일본에 도착했고, 1946년 1월 19일 맥아더가 공포한 국제군사재판소 헌장(Charter of the International Military Tribunal for the Far East)은 4월 3일 극동위원회에서 연합국의 사후 추인을 받았다(FEC Policy Decision 007/3). 이에 따라 11개 연합국(미국, 중국, 영국, 소련, 호주, 캐나다, 프랑스, 네덜란드, 뉴질랜드, 인도, 필리핀) 재판부 및 검사단으로 구성된 도쿄 국제군사재판소가 설립되어 1946년 5월 3일 일본 주요전범 28명에 대한 재판이 시작되었다.

도쿄 국제군사재판소 국제검사단

	성명(국문)	성명(영문)	국적
1	조셉 B. 키난	Joseph B. Keenan	미국(수석)
2	샹저쥔(向哲浚)	Hsiang Che-Chun	중국
3	A. S. 코민스 카	A. S. Comyns Carr	영국
4	S. A. 골룬스키	S. A. Golunsky	소련
5	A. J. 맨스필드	A. J. Mansfield	호주
6	H. G. 놀란	H. G. Nolan	캐나다

7	로베르 오네토	Robert Oneto	프랑스
8	W. G. F. 보거호프-뮬더	W. G. F. Boegerhoff-Mulder	네덜란드
9	R. H. 퀼리엄	R. H. Quilliam	뉴질랜드
10	P. 고빈다 메논	P. Govinda Menon	인도
11	페드로 로페즈	Pedro Lopez	필리핀

도쿄 국제군사재판소 재판부

	성명(국문)	성명(영문)	국적
1	윌리엄 F. 웹	Sir William F. Webb	호주(재판장)
2	E. 스튜어트 맥두걸	E. Stuart McDougall	캐나다
3	메이루아오(梅汝璈)	Ju-ao Mei	중국
4	앙리 베르나르	Henri Bernard (1946년 5월 전임 Henri Reimburger 대체)	프랑스
5	베르나르트 빅터 A. 룈링	Bernard Victor A. Röling	네덜란드
6	에리마 하비 노스크로프트	Erima Harvey Northcroft	뉴질랜드
7	I. M. 자랴노프	I. M. Zaryanov	소련
8	윌리엄 도날드 패트릭	Lord Patrick	영국
9	마이런 C. 크레이머	Myron C. Cramer (1946년 6월 전임 John P. Higgins 대체)	미국
10	라다비노드 팔	Radha binod Pal	인도
11	델핀 자라닐라	Delfin Jaranilla	필리핀

3. 도쿄 국제군사재판의 관할범죄

　도쿄 국제군사재판소 헌장 제5조는 재판소의 관할 범위를 아래와 같이 규정했다.

본 재판소는 개인 또는 단체의 구성원으로서 평화에 반한 죄를 포함한 범죄로 기소된 극동 전범을 재판하고 처벌할 권한을 갖는다.

The Tribunal shall have the power to try and punish Far Eastern war criminals who as individuals or as members of organizations are charged with offences which include Crimes against Peace.

다음 행위들 또는 그 중에 어느 한 행위는 개인의 책임이 따르는 본 재판소 관할 하의 범죄이다:

The following acts, or any of them, are crimes coming within the jurisdiction of the Tribunal for which there shall be individual responsibility:

가. 평화에 반한 죄 a. Crimes against Peace	즉, 선전을 포고하였거나 하지 않은 침략전쟁이나 국제법, 조약, 협정, 약속을 위반한 전쟁의 계획, 준비, 개시, 수행 또는 전술한 어느 하나를 성취하기 위한 공동 계획 또는 모의 참여 Namely, the planning, preparation, initiation or waging of a declared or undeclared war of aggression, or a war in violation of international law, treaties, agreements or assurances, or participation in a common plan or conspiracy for the accomplishment of any of the foregoing
나. 통상의 전쟁범죄 b. Conventional War Crimes	즉, 전쟁의 법 및 관습 위반 Namely, violations of the laws or customs of war
다. 인도에 반한 죄 c. Crimes against Humanity	즉, 전쟁 전이나 전쟁 중 [민간인 주민에 대한] 살해, 절멸, 노예화, 추방 및 다른 비인도적 행위 또는 행위지 국가의 국내법에 반하는지 여부와 무관하게 재판소 관할 하의 어떠한 범죄를 실행하거나 이와 관련하여 정치적이나 인종적 이유에 따른 박해 Namely, murder, extermination, enslavement, deportation, and other inhumane acts committed [against any civilian population,] before or during the war, or persecutions on political or racial grounds in execution of or in connection with any crime within the jurisdiction of the Tribunal, whether or not in violation of the domestic law of the country where perpetrated

전술한 범죄 중 어느 하나라도 실행하기 위한 공동 계획 또는 모의의 입안이나 실행에 참가한 지도자, 조직자, 교사자 및 공범은 그러한 계획의 실행 중에 누군가가 행한 모든 행위에 대해 책임을 진다

Leaders, organizers, instigators and accomplices participating in the formulation or execution of a common plan or conspiracy to commit any of the foregoing crimes are responsible for all acts performed by any person in execution of such plan

이는 뉘른베르크 국제군사재판소 헌장 제6조에 규정된 관할범죄를 거의 그대로 옮겨놓은 것이었다.

통상의 전쟁범죄는 1899년 및 1907년 헤이그 육전법규나 1925년 제네바 의정서, 1929년 제네바 전쟁포로 협약 등의 조약이나 국제관습법으로 확립된 교전 규범을 위반한 행위를 뜻하였다. 대표적으로 투항한 적국 군인이나 민간인을 학대하거나 점령지의 학교나 병원 같은 민간시설을 파괴하는 등 군사적 필요성(military necessity)이 없는 행위는 전쟁범죄로 처벌이 가능했다. 통상의 전쟁범죄는 오랫동안 판례가 확립되었기 때문에 법적 관점에서 논란의 소지가 가장 적었다. 물론 연합국측 전쟁범죄는 다루지 않아 "승자의 정의"라는 비판으로부터 자유로울 수는 없었다.

한편, 나치 독일은 1933년 집권 후 유대인과 반체제 인사들을 조직적으로 탄압했고, 전쟁 중에는 자국 및 동맹국의 유대인을 비롯한 수백만 명의 "비(非)아리아인"을 추방·학살했는데, 이는 통상의 전쟁범죄에는 해당되지 않았다. 전자는 전쟁 중에 벌어진 것이 아니고, 후자는 적국에 대한 잔학행위가 아니었기 때문이다.

앞서 제1차 세계대전 이후 터키의 아르메니아계 주민 학살의 처벌을 두고도 비슷한 문제가 있었다. 당시 연합국은 군인과 민간인이 불문(不文) 규범("문명국 간에 확립된 관행, 인도의 법, 공중 양심의 요구로부터 유래하는 국제법 원칙")의 보호를 받는다는 1899년 및 1907년 헤이그 육전협약 전문(前文)의 마르텐스 조항을 원용해 처벌을 주장했다. 1920년 일본을 비롯한 연합국이 터키와 체결한 세브르 조약 제230조는 학살 책임자의 처벌을 규정했으나 정치적 이유로 재판은 무산되었다.

제2차 세계대전 이후의 인도에 반한 죄는 기존의 전쟁범죄 법리를 피해자의 국적과 관계없이 적용하는 것을 기본으로 하였기 때문에 비교적 반발이 적었다. 유대인 학살과 같은 잔학행위의 죄상이 너무 충격적이었고 국내 형법상으로도 범죄에 해당했기 때문에 변명할 논리가 궁색했다. 1946년 4월 26일 연합군 총사령관 사령부 일반명령 제20호(General Orders No. 20)는 도쿄 국제군사재판소 헌장 제5조의 인도에 반한 죄에 관한 규정에서 "민간인 주민(civilian population)"에 대한 언급을 삭제했는데, 이는 군인에 대한 잔학행위도 처벌할 길을 열어놓기 위해서였다.

반면에 뉘른베르크 국제군사재판소 및 도쿄 국제군사재판소에서 가장 논란이 되었던 것은 평화에 반한 죄였다. 미국은 1941년 12월 일본의 진주만 공격 이전부터 중립국임에도 파시스트 세력을 상대로 싸우던 영국, 소련, 중국에 군사원조를 제공했다. 잭슨을 비롯한 미국의 국제주의자들은 고립주의자들이 제기한 미국의 중립법 위반 주장을 반박하고 미국 참전의 정당성을 재확인하기 위해 평화에 반한 죄

입증에 전력을 기울였다. 참고로 일본을 비롯한 연합국은 앞서 제1차 세계대전 후 독일 황제 빌헬름 2세의 개전책임을 물을 5인 특별재판부를 설치하기로 했으나 무산된 바 있다.

뉘른베르크 국제군사재판소에서도 평화에 반한 죄는 1928년 파리 전쟁포기 조약 등으로 범죄로 확립되었다는 주장에 대해 처벌 전례가 없는 죄형법정주의 위반이라는 비판이 제기되었다. 뿐만 아니라 1939년 독일과 불가침조약을 체결하고 폴란드, 발트해 3국을 침략했던 소련이 연합국의 일원으로 재판에 참여한 것에 대해 일방적 "승자의 정의", 위선의 극치라는 비판이 따랐다.

도쿄 국제군사재판소에서도 진주만 공격 이전 미국의 대일 경제제재나 1945년 8월 소련의 일소 중립조약 만료 전의 대일 선전포고야말로 평화에 반한 죄라는 반론이 제기되었다. 한편, 도쿄 국제군사재판소 헌장은 1941년 12월 정식 선전포고 전에 있었던 1931년 만주사변, 1937년 지나사변(중일 전면전), 1938년부터 1939년까지 소련·몽골과의 하산호(湖) 전투(장고봉 전투) 및 할힌골 전투(노몬한 전투), 1940년 일본의 프랑스령 북부 베트남 진주도 재판에서 다루기 위해 "선전을 포고하였거나 하지 않은"이라는 문구가 삽입되었다.

평화에 반한 죄에 못지않게 논란이 되었던 것은 공동계획·모의 혐의였다. 공동모의 법리는 원래 미국에서 독점 카르텔이나 마피아 범죄조직을 일망타진하기 위해 발달했다. 예를 들어, 은행 강도사건에서 은행에 난입한 강도범이 살인을 저지를 경우, 강도범의 도주용 차에서 대기하며 직접 살인에 가담하지 않은 공범의 경우에도 살인 공모죄로 처벌이 가능했다. 미국의 공동모의 법리는 소련의 공동계획 법리와 합쳐져서 헌장에 공동계획·모의로 삽입되었다.

공동모의 법리는 개별 지도자의 범죄행위 지시나 용인을 입증하는 대신에 범죄집단으로 몰아 처벌하는 것이 목적이었으나, 형법상 개별범죄의 입증 없이 포괄적 처벌을 허용하는 전례 없는 사후법이라는 비판을 피할 수 없었다. 뉘른베르크 국제재판소 헌장에서는 범죄집단의 처벌까지 규정해 재판에서 나치당 지도부, 게슈타포/SD, SS에 대해 유죄가 선고되기도 했으나, 도쿄 극동국제재판소 헌장은 범죄집단의 처벌을 규정하지 않았다. 그나마 독일의 경우 1933년 이후 히틀러의 나치당이 일관되게 집권했으나, 일본의 경우 침략모의가 시작되었다는 1928년부터 1945년 사이에 내각이 17번이나 바뀌어 공동계획·모의가 성립할 수 있는지 의문이 제기되었다.

일본을 비롯한 동아시아에서 익숙한 "A급, B급, C급 전범"이라는 구분도 도쿄 국제군사재판소 제5조의 a, b, c호에서 유래했다. 일본점령 초기 연합국군 최고사령부(SCAP)의 카펜터 법무부장이 평화에 반한 죄(a호), 전쟁범죄(b호), 인도에 반한 죄(c호)를 범죄의 중대성에 따른 분류로 설명했고, "Class A/B/C"를 "A급, B급, C급"으로 번역하면서 이러한 인식은 고착되었다. 때문에 "A급 전범"은 고위급 주요 전범과 동의어로, "B·C급 전범"은 일반전범 중 각각 명령자와 실행자를 가리키는 것으로 알려진 것이다.

그러나 이는 평화에 반한 죄, 전쟁범죄, 인도에 반한 죄의 정의에서 볼 수 있듯이 타당하지 않다. 상식적으로 유대인 학살이나 난징학살을 기획했던 고관대작("B·C급 전범")이 수데텐 병합이나 만주침략을 기획한 고관대작("A급 전범")보다 죄질이 덜 무겁다고 보기는 어렵다. 전쟁범죄("B급")와 인도에 반한 죄("C급")도 자국민에 대한 범죄의 처벌 가능 여부를 기준으로 나뉘는 것이기 때문에 상급자/하급자로 나누는 것은 맞지 않다.

다만, 도쿄 국제군사재판소 헌장 제5조는 "평화에 반한 죄를 포함한 범죄로 기소된 극동 전범"을 처벌 대상으로 명시해 모든 피고인이 "A급 전범"이었다. 이는 헌장에 그러한 제한 규정이 없었고, 실제로 평화에 반한 죄의 혐의가 없는 고위 전범도 기소했던 뉘른베르크 국제군사재판과의 큰 차이점이다. 때문에 동아시아에서 "A급 전범=중대범죄인"이라는 인식이 더 확산된 것도 사실이다.

또한, 아래에서 보듯이 인도에 반한 죄("C급")는 도쿄 국제군사재판뿐만 아니라 아시아·태평양 일대의 연합국 전범재판에서도 거의 기소되지 않았다. 나치의 자국 유대인학살도 비중 있게 다뤄졌던 독일인 전범재판과는 달리 일본인 전범재판은 거의 전적으로 연합국 포로학대나 현지 주민 학살과 같은 기존의 전쟁범죄를 처벌했기 때문이다. 그러므로 엄밀한 의미에서 일본인 일반전범은 "B급 전범"만이 있을 뿐 "C급 전범"은 없다시피 했고, 자연히 이들을 "B·C급 전범"으로 뭉뚱그려 부르고 둘 사이를 상하관계로 이해하기 쉬워진 것이다.

4. 도쿄 국제군사재판의 기소 내용

한편, 국제검사단은 재판을 위한 증거 수집에 나섰으나, 8월 15일 일본의 포츠담선언 수락 발표 이후 미군이 일본 본토에 진주하기까지 2주간 전범재판을 예상한 일본측이 공문서를 대대적으로 소각했기 때문에 당사자 진술에 대한 의존이 컸다. 법정에서 증거문서 제출 대신 당사자의 증언이 많아지면서 재판 장기화의 한 원인이 되기도 했다.

뉘른베르크 국제재판에서는 4개 연합국(미국, 영국, 프랑스, 소련)의 합의로 피고인에 대한 소인(訴因)이 (1) 평화에 반한 죄, 전쟁범죄, 인도에 반한 죄의 수행을 위한 공동 계획·모의, (2) 평화에 반한 죄, (3) 전쟁범죄, (4) 인도에 반한 죄로 정리되었다. 반면에 도쿄 국제재판에서는 11개 연합국 검사들이 나라별로 소인을 추가하는 바람에 무려 3개류 55개 소인에 이르렀다. 예를 들어, 제1류(평화에 반한 죄. 소인 1-36)는 1928년부터 일본의 침략전쟁·불법전쟁의 공동계획·모의 및 개별국가에 대한 침략전쟁·불법전쟁의 계획·준비, 개시, 수행을 분리해서 열거했다.

제2류(살인. 소인 37-52)는 직업군인으로서 전쟁의 범죄화에 소극적이던 맥아더가 진주만공격으로 인한 미군 장병의 죽음을 살인죄로 처벌할 것을 요구하면서 추가되었다. 일반적으로 전쟁 중에 적군을 죽이는 행위는 사형 집행처럼 위법성이 없다. 그런데 맥아더는 일본이 선전포고를 의무화한 1907년 전쟁 개시에 관한 헤이그협약을 위반했기 때문에 합법적 전투원으로서의 법적 면제를 누릴 수 없으므로 일반 범죄인처럼 살인죄로 처벌이 가능하다고 주장했다. 그러자 다른 나라 검사단도 자국 전쟁포로나 민간인 살해도 불법 개전이나 조약 위반에 따른 것으로 보고 역시 살인죄로 소인을 추가한 것이다.

제3류(전쟁범죄 및 인도에 반한 죄. 소인 53-55)는 연합국 군인과 민간인에 대한 전쟁법 위반의 명령·수권·허가, 전쟁법 준수 감독책임의 방기 및 이를 위한 공동 계획·모의를 적시했다. 뉘른베르크 국제재판에서는 평화에 반한 죄, 전쟁범죄에 비하여 비중이 떨어졌지만 인도에 반한 죄라는 별도의 소인으로 유대인 박해 및 학살을 처벌했다. 이에 비해 도쿄 국제재판은 난징학살, 마닐라학살 등도 연합국 국민에 대한 잔학행위, 즉 전쟁범죄로 간주되었기 때문에 자국민에 대한 범죄행위를 처벌할 길을 열어놓은 인도에 반한 죄는 큰 의미를 갖지 못했다.

원래 미국 검사단이 준비했던 기소장 초안은 뉘른베르크 국제재판 기소장처럼 인도에 반한 죄를 4개의 소인 중 하나로 명시하고, 범행지 중 하나로 조선을 거론했다. 그러나 추후 논의 과정에서 인도에 반한 죄 자체가 실종되었다. 일본 본토에서의 우익 테러, 치안유지법 등에 따른 반체제인사나 노조 탄압, 종교인 박해 등도 인도에 반한 죄로 처벌할 수 있었으나 다루어지지 않았다. 잔학행위의 입증에는 그당시 이미 동아시아 각지에서 진행 중이던 전범재판의 증거와 기록이 활용되었다.

유형(Groups)		소인(Counts)
제1류: 평화에 반한 죄	1	동아시아·태평양·인도양 지배를 위한 모든 반대국에 대한 침략전쟁·불법전쟁 수행을 목적으로 하는 공동계획·모의
	2	중국 동북부 지배를 위한 중국에 대한 침략전쟁·불법전쟁 수행을 목적으로 하는 공동계획·모의
	3	중국 지배를 위한 중국에 대한 침략전쟁·불법전쟁 수행을 목적으로 하는 공동계획·모의
	4	동아시아·태평양·인도양 지배를 위한 미국·영연방·프랑스·네덜란드·중국·포르투갈·태국·필리핀·소련·기타 반대국에 대한 침략전쟁·불법전쟁 수행을 목적으로 하는 공동계획·모의
	5	독일·이탈리아·일본의 세계 지배를 위한 미국·영연방·프랑스·네덜란드·중국·포르투갈·태국·필리핀·소련에 대한 침략전쟁·불법전쟁 수행을 목적으로 하는 공동계획·모의
	6	중국에 대한 침략전쟁·불법전쟁 계획·준비
	7	미국에 대한 침략전쟁·불법전쟁 계획·준비
	8	영연방에 대한 침략전쟁·불법전쟁 계획·준비
	9	호주에 대한 침략전쟁·불법전쟁 계획·준비
	10	뉴질랜드에 대한 침략전쟁·불법전쟁 계획·준비
	11	캐나다에 대한 침략전쟁·불법전쟁 계획·준비
	12	미국에 대한 침략전쟁·불법전쟁 계획·준비
	13	필리핀에 대한 침략전쟁·불법전쟁 계획·준비
	14	네덜란드에 대한 침략전쟁·불법전쟁 계획·준비
	15	프랑스에 대한 침략전쟁·불법전쟁 계획·준비
	16	태국에 대한 침략전쟁·불법전쟁 계획·준비
	17	소련에 대한 침략전쟁·불법전쟁 계획·준비
	18	중국에 대한 침략전쟁·불법전쟁 개시 [만주사변]
	19	중국에 대한 침략전쟁·불법전쟁 개시 [중일전쟁]
	20	미국에 대한 침략전쟁·불법전쟁 개시 [진주만 폭격]
	21	필리핀에 대한 침략전쟁·불법전쟁 개시
	22	영연방에 대한 침략전쟁·불법전쟁 개시
	23	프랑스에 대한 침략전쟁·불법전쟁 개시 [북부 프랑스령 인도차이나 진주]
	24	태국에 대한 침략전쟁·불법전쟁 개시
	25	소련에 대한 침략전쟁·불법전쟁 개시 [하산호(湖) 전투(장고봉 전투)]

	26	몽골에 대한 침략전쟁·불법전쟁 개시 [할힌골 전투(노몬한 전투)]
	27	중국에 대한 침략전쟁·불법전쟁 수행 [만주사변 이후]
	28	중국에 대한 침략전쟁·불법전쟁 수행 [중일전쟁 이후]
	29	미국에 대한 침략전쟁·불법전쟁 수행
	30	필리핀에 대한 침략전쟁·불법전쟁 수행
	31	영연방에 대한 침략전쟁·불법전쟁 수행
	32	네덜란드에 대한 침략전쟁·불법전쟁 수행
	33	프랑스에 대한 침략전쟁·불법전쟁 수행
	34	태국에 대한 침략전쟁·불법전쟁 수행
	35	소련에 대한 침략전쟁·불법전쟁 수행 [하산호(湖) 전투(장고봉 전투)]
	36	몽골에 대한 침략전쟁·불법전쟁 수행 [할힌골 전투(노몬한 전투)]
제2류: 살인	37	일본과 평화관계에 있던 미국·필리핀·영연방·네덜란드·태국에 대한 불법적 적대행위 개시로 군인·민간인의 불법적 살해·살육을 목적으로 하는 공동계획·모의
	38	일본과 평화관계에 있던 미국·필리핀·영연방·네덜란드·태국에 대한 불법적 적대행위 개시로 군인·민간인의 불법적 살해·살육을 목적으로 하는 공동계획·모의
	39	진주만에서 일본과 평화관계에 있던 미국의 영토·선박·항공기 공격으로 키드 제독과 미국 군인·민간인을 불법적으로 살해·살육
	40	코타바루, 켈란탄에서 일본과 평화관계에 있던 영연방의 영토·항공기 공격으로 영연방 군인을 불법적으로 살해·살육
	41	홍콩에서 일본과 평화관계에 있던 영연방의 영토·항공기 공격으로 영연방 군인을 불법적으로 살해·살육
	42	상하이에서 일본과 평화관계에 있던 영연방 소속 군함 페트렐호(號) 공격으로 영연방 군인 3명을 불법적으로 살해·살육
	43	다바오에서 일본과 평화관계에 있던 필리핀 영토를 공격하여 미국·필리핀 군인을 불법적으로 살해·살육
	44	불법적 전쟁에서 전쟁포로, 투항하려는 군인·민간인·선원의 불법적 대량 살육을 목적으로 하는 공동계획·모의
	45	조약을 위반하여 난징시를 공격하고 국제법에 반하여 주민을 학살하여 중국 민간인·무장해제 군인을 불법적으로 살해·살육
	46	조약을 위반하여 광둥시를 공격하고 국제법에 반하여 주민을 학살하여 중국 민간인·무장해제 군인을 불법적으로 살해·살육

	47	조약을 위반하여 한커우(漢口)시를 공격하고 국제법에 반하여 주민을 학살하여 중국 민간인·무장해제 군인을 불법적으로 살해·살육
	48	조약을 위반하여 창사(長沙)시를 공격하고 국제법에 반하여 주민을 학살하여 중국 민간인·무장해제 군인을 불법적으로 살해·살육
	49	조약을 위반하여 후난성(湖南省) 헝양(衡陽)시를 공격하고 국제법에 반하여 주민을 학살하여 중국 민간인·무장해제 군인을 불법적으로 살해·살육
	50	조약을 위반하여 광시성(廣西省) 구이린(桂林)시, 류저우(柳州)시를 공격하고 국제법에 반하여 주민을 학살하여 중국 민간인·무장해제 군인을 불법적으로 살해·살육
	51	할힌골강 지역에서 몽골·소련 영토를 불법적으로 공격하여 몽골·소련 군인을 불법적으로 살해·살육
	52	하산호(湖) 지역에서 몽골·소련 영토를 불법적으로 공격하여 몽골·소련 군인을 불법적으로 살해·살육
제3류: 전쟁범죄 및 인도에 반한 죄	53	미국·영연방·프랑스·네덜란드·필리핀·중국·포르투갈·소련 군인과 전쟁포로·민간인에 대하여 전쟁법 위반의 명령·수권·허가 및 전쟁법 준수 방기를 목적으로 하는 공동모의
	54	미국·영연방·프랑스·네덜란드·필리핀·중국·포르투갈·소련 군인과 전쟁포로·민간인에 대하여 전쟁법 위반의 명령·수권·허가로 전쟁법 위반
	55	미국·영연방·프랑스·네덜란드·필리핀·중국·포르투갈·소련 군인과 전쟁포로·민간인에 대하여 전쟁법 준수를 보장할 책임을 고의·과실로 방기하여 전쟁법 위반

구체적 피고인 선정은 아시아·태평양전쟁을 1931년 만주사변, 1937년 중일전쟁, 1941년 태평양전쟁 시기로 나눠서 각 시기마다 책임이 컸던 대표적 인사를 골라냈다. 뉘른베르크 국제재판과 달리 도쿄 국제재판에서는 미국 국무부-전쟁부-해군부 조정위원회 지침(SWNCC 57/3)이 침략전쟁에 책임이 있는 자를 우선적으로 기소할 것을 지시했고, 헌장 제5조에서도 재판소가 평화에 반한 죄의 혐의를 받는 자를 처벌할 권한이 있다고 규정했기 때문이다. 자연히 피고인으로는 도조 히데키와 같은 군인들이 대부분이었으며, 나머지도 관

료들이 많았다.

미국 검사단은 재벌 총수들도 본보기로 피고인에 포함시키려 했으나 일본어나 일본 재계 사정에 미숙했던 탓에 증거 부족으로 실패했다. 1946년 4월 17일 뒤늦게 합류한 소련 검사단이 아이카와 요시스케(鮎川義介. 닛산 창립자), 후지와라 긴지로(藤原銀次郎. 미쓰이 재벌 경영자)의 기소를 요구했으나 받아들여지지 않았다. 피고인 중에는 제8대 조선총독 미나미 지로(1936~1942), 제9대 조선총독 고이소 구니아키(小磯國昭, 1942~1944)가 있었으나, 이들은 총독 재임기간 중의 잔학행위로 기소되지는 않았다.

최대 논란은 히로히토 천황의 소추 여부였다. 맥아더는 안정적 점령통치를 이유로 강력히 반대했으나, 공식적으로 미국 정부는 맥아더에게 특별 지침이 있을 때까지 아무런 조치를 취하지 말라는 지시만을 내렸으며(SWNCC 57/3), 연합국 극동위원회는 직접 승인 없이는 전범 기소로부터 면제하라는 입장을 취했다(FEC 007/3). 국제검사단 내에서는 히로히토의 기소가 가능하다는 의견이 일반적이었다. 1946년 4월 호주의 맨스필드 검사가 히로히토의 기소를 요구했으나, 미국의 키난 수석검사는 맥아더의 반대를 이유로 이를 거부했다.

뒤늦게 합류한 소련의 골룬스키 검사는 일본에 대한 미국의 우월적 지위를 인정하여 히로히토 기소를 요구하지 않았다. 1950년 소련은 731부대원의 생체실험 및 세균전에 대한 하바롭스크 전범재판 이후 이를 근거로 731부대의 활동에 대한 보고를 받았던 히로히토의 처벌을 요구했다. 그러나 미국은 이를 소련의 프로파간다로 치부하고 거부했다. 미국은 이미 1930년대 초부터 생체실험과 세균전을 벌여온 731부대의 이시이 시로(石井四郞) 중장 등을 처벌하지 않는 조건으로 관련 자료를 넘겨받은 후였다.

도쿄 국제군사재판의 피고인

	성명(국문)	성명(일문)	성명(영문)	출신	기소 소인 (괄호 안은 피고인별 총 소인 수)
1	아라키 사다오	荒木貞夫	ARAKI, Sadao	육군	1-19, 23, 25-36, 44-47, 51-55 (41)
2	도히하라 겐지	土肥原賢二	DOHIHARA, Kenji	육군	1-44, 51-55 (49)
3	하시모토 긴고로	橋本欣五郞	HASHIMOTO, Kingoro	육군/ 익찬회	1-19, 27-32, 34, 44, 47, 53-55 (33)
4	하타 슌로쿠	畑俊六	HATA, Shunroku	육군	1-17, 19, 25-32, 34-36, 44-55 (41)
5	히라누마 기이치로	平沼騏一郞	HIRANUMA, Kiichiro	사법성	1-47, 51-55 (52)
6	히로타 고키	広田弘毅	HIROTA, Koki	외무성	1-17, 19-25, 27- 35, 37-47, 52-55 (48)
7	호시노 나오키	星野直樹	HOSHINO, Naoki	대장성	1-17, 19-25, 27- 35, 37-44, 52-55 (45)
8	이타가키 세이시로	板垣征四郞	ITAGAKI, Seishiro	육군	1-19, 23, 25-36, 44-47, 51-55 (41)
9	가야 오키노리	賀屋興宣	KAYA, Okinori	대장성	1-17, 19-22, 24, 27-32, 34, 37-47, 53-55 (43)
10	기도 고이치	木戸幸一	KIDO, Koichi	상공부/ 내대신	1-17, 19-55 (54)
11	기무라 헤이타로	木村兵太郞	KIMURA, Heitaro	육군	1-17, 20-22, 24, 27-32, 34, 37-44, 53-55 (39)

12	고이소 구니아키	小磯國昭	KOISO, Kuniaki	육군	1-18, 26-32, 34, 36, 44, 48-51, 53-55 (35)
13	마쓰이 이와네	松井石根	MATSUI, Iwane	육군	1-17, 19, 25-32, 34-36, 44-47, 51-55 (38)
14	마쓰오카 요스케	松岡洋右	MATSUOKA, Yosuke	외무성	1-17, 23, 25-36, 38-44, 51-55 (42)
15	미나미 지로	南次郎	MINAMI, Jiro	육군	1-18, 27-32, 34, 44, 53-55 (29)
16	무토 아키라	武藤章	MUTO, Akira	육군	1-17, 19-24, 26-34, 36-47, 51, 53-55 (48)
17	나가노 오사미	永野修身	NAGANO, Osami	해군	1-17, 20-24, 27-34, 37-44, 53-55 (41)
18	오카 다카스미	岡敬純	OKA, Takasumi	해군	1-17, 20-22, 24, 27-32, 34, 37-44, 53-55 (39)
19	오카와 슈메이	大川周明	OKAWA, Shumei	남만철/사상가	1-18, 27-32, 34, 44 (26)
20	오시마 히로시	大島浩	OSHIMA, Hiroshi	육군	1-17, 20-22, 24, 27-32, 34, 37-44, 53-55 (39)
21	사토 겐료	佐藤賢了	SATO, Kenryo	육군	1-17, 20-22, 24, 27-32, 34, 37-44, 48-50, 53-55 (42)
22	시게미쓰 마모루	重光葵	SHIGEMITSU, Mamoru	외무성	1-18, 23, 25, 27-35, 44, 48-50, 52-55 (37)
23	시마다 시게타로	嶋田繁太郎	SHIMADA, Shigetaro	해군	1-17, 20-22, 24, 27-32, 34, 37-44, 53-55 (39)

24	시라토리 도시오	白鳥敏夫	SHIRATORI, Toshio	외무성	1-17, 27-32, 34, 44 (25)
25	스즈키 데이이치	鈴木貞一	SUZUKI, Teiichi	육군	1-17, 19-22, 24-32, 34-47, 51-55 (49)
26	도고 시게노리	東郷茂德	TOGO, Shigenori	외무성	1-17, 20-22, 24-32, 34-44, 51, 53-55 (44)
27	도조 히데키	東條英機	TOJO, Hideki	육군	1-24, 26-34, 36-44, 48-55 (50)
28	우메즈 요시지로	梅津美治郎	UMEZU, Yoshijiro	육군	1-19, 26-32, 34, 36, 44-51, 53-55 (39)

5. 도쿄 국제군사재판의 판결

이렇게 우여곡절 끝에 1946년 4월 29일 검사단은 재판부에 공소장을 제출했고, 5월 3일 정식으로 시작된 재판은 무려 2년 반이 지난 1948년 11월 12일에야 끝났다. 판결은 기소장의 제1류(평화에 반한 죄) 중에서 공동계획·모의(소인 1-5)는 소인 1만을 인정하고 소인 2-5는 소인 1인에 포섭되거나 증거가 부족하다는 이유로 기각했으며, 계획·준비(소인 6-17)는 공동계획·모의(소인 1-5)와, 개시(소인 18-26)는 수행(소인 27-36)과 중첩되어 배제되었다.

침략전쟁·불법전쟁의 수행(소인 27-36) 중 소인 28(1937년 중일전쟁 이후 중국에 대한 침략수행)은 소인 27(1931년 만주사변 이후 중국에 대한 침략수행)에 포함되고, 소인 30(필리핀에 대한 침략수행)은 필리핀이 완전한 주권국가가 아니라 대외관계상 미국의 일부였기 때문에 소인 29(미국에 대한 침략수행)의 일부였으며, 소인 34(태국에 대한 침략수행)는 증거부족이라 판단했다.

제2류(살인)에서는 헌장상 평화에 반한 죄만 공동계획·모의를 적용할 수 있기 때문에 살인의 공동계획·모의(소인 37, 38, 44)는 인정되지 않았고, 나머지 소인 39-43, 45-52도 살인죄를 평화에 반한 죄나 전쟁법 위반과 별도로 다룰 실익이 없다고 판단했다. 맥아더의 요구에 의한 무리한 살인죄 기소는 이렇게 허무하게 끝났다.

마지막으로 제3류(전쟁범죄 및 인도에 반한 죄)에서는 평화에 반한 죄만 공동계획·모의를 적용할 수 있기 때문에 소인 53은 기각되고 소인 54(전쟁법 위반의 명령·수권·허가) 및 소인 55(전쟁법 준수 보장책임)만 인정되었다. 결국 통상의 전쟁범죄를 지시했거나 명령했거나 감독책임을 소홀히 한 경우가 형사책임이 인정된 것이다.

유형	소인	인정 여부	인정 여부
제1류: 평화에 반한 죄	1	동아시아·태평양·인도양 지배를 위한 모든 반대국에 대한 침략전쟁·불법전쟁 수행을 목적으로 하는 공동계획·모의	O
	2	중국 동북부 지배를 위한 중국에 대한 침략전쟁·불법전쟁 수행을 목적으로 하는 공동계획·모의	X 소인 1의 공동계획·모의보다 목적이 제한적
	3	중국 지배를 위한 중국에 대한 침략전쟁·불법전쟁 수행을 목적으로 하는 공동계획·모의	
	4	동아시아·태평양·인도양 지배를 위한 미국·영연방·프랑스·네덜란드·중국·포르투갈·태국·필리핀·소련·기타 반대국에 대한 침략전쟁·불법전쟁 수행을 목적으로 하는 공동계획·모의	X 소인 1의 공동계획·모의보다 더 구체적

5	독일·이탈리아·일본의 세계 지배를 위한 미국·영연방·프랑스·네덜란드·중국·포르투갈·태국·필리핀·소련에 대한 침략전쟁·불법전쟁 수행을 목적으로 하는 공동계획·모의	X 증거부족
6	중국에 대한 침략전쟁·불법전쟁 계획·준비	
7	미국에 대한 침략전쟁·불법전쟁 계획·준비	
8	영연방에 대한 침략전쟁·불법전쟁 계획·준비	
9	호주에 대한 침략전쟁·불법전쟁 계획·준비	X 침략전쟁·불법전쟁의 계획·준비는 침략전쟁·불법전쟁 수행을 위한 공동계획·모의와 중첩
10	뉴질랜드에 대한 침략전쟁·불법전쟁 계획·준비	
11	캐나다에 대한 침략전쟁·불법전쟁 계획·준비	
12	미국에 대한 침략전쟁·불법전쟁 계획·준비	
13	필리핀에 대한 침략전쟁·불법전쟁 계획·준비	
14	네덜란드에 대한 침략전쟁·불법전쟁 계획·준비	
15	프랑스에 대한 침략전쟁·불법전쟁 계획·준비	
16	태국에 대한 침략전쟁·불법전쟁 계획·준비	
17	소련에 대한 침략전쟁·불법전쟁 계획·준비	
18	중국에 대한 침략전쟁·불법전쟁 개시 [만주사변]	
19	중국에 대한 침략전쟁·불법전쟁 개시 [중일전쟁]	
20	미국에 대한 침략전쟁·불법전쟁 개시 [진주만 폭격]	
21	필리핀에 대한 침략전쟁·불법전쟁 개시	X 침략전쟁·불법전쟁의 개시는 침략전쟁·불법전쟁 수행(소인 27-36)과 중첩
22	영연방에 대한 침략전쟁·불법전쟁 개시	
23	프랑스에 대한 침략전쟁·불법전쟁 개시 [북부 프랑스령 인도차이나 진주]	
24	태국에 대한 침략전쟁·불법전쟁 개시	
25	소련에 대한 침략전쟁·불법전쟁 개시 [하산호(湖) 전투(장고봉 전투)]	
26	몽골에 대한 침략전쟁·불법전쟁 개시 [할힌골 전투(노몬한 전투)]	
27	중국에 대한 침략전쟁·불법전쟁 수행 [만주사변 이후]	O
28	중국에 대한 침략전쟁·불법전쟁 수행 [중일전쟁 이후]	X 소인 27에 비하여 짧은 시기를 다룸

	29	미국에 대한 침략전쟁·불법전쟁 수행	O
	30	필리핀에 대한 침략전쟁·불법전쟁 수행	X 미국에 대한 침략전쟁·불법전쟁의 일부
	31	영연방에 대한 침략전쟁·불법전쟁 수행	O
	32	네덜란드에 대한 침략전쟁·불법전쟁 수행	O
	33	프랑스에 대한 침략전쟁·불법전쟁 수행	O
	34	태국에 대한 침략전쟁·불법전쟁 수행	X 증거부족
	35	소련에 대한 침략전쟁·불법전쟁 수행 [하산호(湖) 전투(장고봉 전투)]	O
	36	몽골에 대한 침략전쟁·불법전쟁 수행 [할힌골 전투(노몬한 전투)]	O
제2류: 살인	37	일본과 평화관계에 있던 미국·필리핀·영연방·네덜란드·태국에 대한 불법적 적대행위 개시로 군인·민간인의 불법적 살해·살육을 목적으로 하는 공동계획·모의	X 헌장은 평화에 반한 죄만 공동계획·모의를 범죄로 규정
	38	일본과 평화관계에 있던 미국·필리핀·영연방·네덜란드·태국에 대한 불법적 적대행위 개시로 군인·민간인의 불법적 살해·살육을 목적으로 하는 공동계획·모의	
	39	진주만에서 일본과 평화관계에 있던 미국의 영토·선박·항공기 공격으로 키드 제독과 미국 군인·민간인을 불법적으로 살해·살육	X 평화에 반한 죄와 별도로 살인죄 다룰 실익 없음
	40	코타바루, 켈란탄에서 일본과 평화관계에 있던 영연방의 영토·항공기 공격으로 영연방 군인을 불법적으로 살해·살육	
	41	홍콩에서 일본과 평화관계에 있던 영연방의 영토·항공기 공격으로 영연방 군인을 불법적으로 살해·살육	
	42	상하이에서 일본과 평화관계에 있던 영연방 소속 군함 페트렐호(號) 공격으로 영연방 군인 3명을 불법적으로 살해·살육	
	43	다바오에서 일본과 평화관계에 있던 필리핀 영토를 공격하여 미국·필리핀 군인을 불법적으로 살해·살육	

	44	불법적 전쟁에서 전쟁포로, 투항하려는 군인·민간 인·선원의 불법적 대량 살육을 목적으로 하는 공동 계획·모의	X 헌장은 평화에 반 한 죄만 공동계획· 모의를 범죄로 규정
	45	조약을 위반하여 난징시를 공격하고 국제법에 반하 여 주민을 학살하여 중국 민간인·무장해제 군인을 불법적으로 살해·살육	
	46	조약을 위반하여 광동시를 공격하고 국제법에 반하 여 주민을 학살하여 중국 민간인·무장해제 군인을 불법적으로 살해·살육	
	47	조약을 위반하여 한커우(漢口)시를 공격하고 국제법 에 반하여 주민을 학살하여 중국 민간인·무장해제 군인을 불법적으로 살해·살육	X 평화에 반한 죄나 전쟁법 위반과 별 도로 살인죄 다룰 실익 없음
	48	조약을 위반하여 창사(長沙)시를 공격하고 국제법에 반하여 주민을 학살하여 중국 민간인·무장해제 군인 을 불법적으로 살해·살육	
	49	조약을 위반하여 후난성(湖南省) 헝양(衡陽)시를 공 격하고 국제법에 반하여 주민을 학살하여 중국 민간 인·무장해제 군인을 불법적으로 살해·살육	
	50	조약을 위반하여 광시성(廣西省) 구이린(桂林)시, 류 저우(柳州)시를 공격하고 국제법에 반하여 주민을 학 살하여 중국 민간인·무장해제 군인을 불법적으로 살 해·살육	
	51	할힌골강 지역에서 몽골·소련 영토를 불법적으로 공 격하여 몽골·소련 군인을 불법적으로 살해·살육	X 평화에 반한 죄와 별도로 살인죄 다 룰 실익 없음
	52	하산호(湖) 지역에서 몽골·소련 영토를 불법적으로 공격하여 몽골·소련 군인을 불법적으로 살해·살육	
제3류: 전쟁범죄 및 인도에 반한 죄	53	미국·영연방·프랑스·네덜란드·필리핀·중국·포르투 갈·소련 군인과 전쟁포로·민간인에 대하여 전쟁법 위반의 명령·수권·허가 및 전쟁법 준수 방기를 목적 으로 하는 공동계획·모의	X 헌장은 평화에 반 한 죄만 공동계획· 모의를 범죄로 규정
	54	미국·영연방·프랑스·네덜란드·필리핀·중국·포르투 갈·소련 군인과 전쟁포로·민간인에 대하여 전쟁법 위반의 명령·수권·허가로 전쟁법 위반	O
	55	미국·영연방·프랑스·네덜란드·필리핀·중국·포르투 갈·소련 군인과 전쟁포로·민간인에 대하여 전쟁법 준수를 보장할 책임을 고의·과실로 방기하여 전쟁법 위반	O

재판부는 이렇게 최종적으로 인정된 소인 1, 27, 29, 31, 32, 33, 35, 36, 54, 55에 대해 각 피고인에게 아래와 같이 선고했다.

	성명(국문)	성명(일문)	출신	유죄	양형
1	아라키 사다오	荒木貞夫	육군	1, 27	종신 금고형
2	도히하라 겐지	土肥原賢二	육군	1, 27, 29, 31, 32, 35, 36, 54	교수형
3	하시모토 긴고로	橋本欣五郎	육군/익찬회	1, 27	종신 금고형
4	하타 슌로쿠	畑俊六	육군	1, 27, 29, 31, 32, 55	종신 금고형
5	히라누마 기이치로	平沼騏一郎	사법성	1, 27, 29, 31, 32, 36	종신 금고형
6	히로타 고키	広田弘毅	외무성	1, 27, 55	교수형
7	호시노 나오키	星野直樹	대장성	1, 27, 29, 31, 32	종신 금고형
8	이타가키 세이시로	板垣征四郎	육군	1, 27, 29, 31, 32, 35, 36, 54	교수형
9	가야 오키노리	賀屋興宣	대장성	1, 27, 29, 31, 32	종신 금고형
10	기도 고이치	木戸幸一	상공부/내대신	1, 27, 29, 31, 32	종신 금고형
11	기무라 헤이타로	木村兵太郎	육군	1, 27, 29, 31, 32, 54, 55	교수형
12	고이소 구니아키	小磯國昭	육군	1, 27, 29, 31, 32, 55	종신 금고형
13	마쓰이 이와네	松井石根	육군	55	교수형
14	마쓰오카 요스케	松岡洋右	외무성	병사	X
15	미나미 지로	南次郎	육군	1, 27	종신 금고형
16	무토 아키라	武藤章	육군	1, 27, 29, 31, 32, 54, 55	교수형
17	나가노 오사미	永野修身	해군	병사	X
18	오카 다카스미	岡敬純	해군	1, 27, 29, 31, 32	종신 금고형
19	오카와 슈메이	大川周明	남만철/사상가	정신이상	X
20	오시마 히로시	大島浩	육군	1	종신 금고형
21	사토 겐료	佐藤賢了	육군	1, 27, 29, 31, 32	종신 금고형
22	시게미쓰 마모루	重光葵	외무성	27, 29, 31, 32, 33, 55	7년 금고형
23	시마다 시게타로	嶋田繁太郎	해군	1, 27, 29, 31, 32	종신 금고형

174

24	시라토리 도시오	白鳥敏夫	외무성	1	종신 금고형
25	스즈키 데이이치	鈴木貞一	육군	1, 27, 29, 31, 32	종신 금고형
26	도고 시게노리	東郷茂徳	외무성	1, 27, 29, 31, 32	20년 금고형
27	도조 히데키	東條英機	육군	1, 27, 29, 31, 32, 33, 54	교수형
28	우메즈 요시지로	梅津美治郎	육군	1, 27, 29, 31, 32	종신 금고형

흥미롭게도 뉘른베르크 국제군사재판에서와 마찬가지로 도쿄 국제군사재판에서도 평화에 반한 죄를 강조했음에도 불구하고, 실제 양형에서는 평화에 반한 죄(소인 1, 27, 29, 31, 32, 33, 35, 36)만으로 사형이 선고된 경우는 없으며, 전쟁법 위반(소인 54, 55)이 인정된 경우에만 사형이 선고되었다. 난징학살 당시 현지 지휘관으로서 소인 55에 대해서만 유죄판결이 내려졌지만 사형에 처해진 마쓰이 이와네 사령관이 대표적인 사례라 할 수 있다.

이는 판사들도 묵시적으로는 평화에 반한 죄가 사후법이라는 것을 인정하고, 오히려 누구도 정당화시키기 어려운 전쟁 중의 잔학행위의 처벌에 더 방점을 두었다고 할 수 있다. 도쿄 국제재판 당시 일본의 일반인들도 전쟁 개시보다는 전쟁 중 일본군의 잔학행위에 더 충격을 받았다고 한다. 교수형이 선고된 7인은 1948년 12월 23일 형이 집행되었다.

도쿄 국제군사재판에서 사형에 처해진 7명과 재판·복역 중 사망한 7명 등 모두 14명의 전범이 야스쿠니 신사에 합사되어 있다. 야스쿠니 신사에는 유슈칸(遊就館)이라는 일종의 전쟁박물관이 있는데, 유슈칸은 일본의 침략, 잔학행위를 부인하고 자살 특공대를 미화하는 전시물로 가득해 야스쿠니 신사보다도 더 노골적으로 우익 역사관을 대변하는 것으로 유명하다.

야스쿠니 신사는 고위 전범 합사뿐만 아니라 국가와 종교의 분리, 과거 국가신도 및 군국주의와의 연계, 유슈칸으로 대표되는 수정주의 역사관, 분사를 요구하는 한국인, 오키나와인뿐만 아니라 일본인 전몰자 유족의 요구 거부 등으로 국내외에서 비판을 받고 있다. 반면에 한때 800만 명의 회원을 거느렸던 일본유족회나 다른 우익 세력은 자민당의 지지기반이기 때문에 만년 여당인 자민당 출신의 역대 총리들은 이들의 요구를 들어주기 위해 야스쿠니 신사를 참배했다가 고위전범 합사에 대한 국제적 비난으로 참배를 중단하기를 반복하고 있다.

야스쿠니 문제의 해결을 위해서는 특정 종교 및 정치집단의 역사관, 전범 합사의 그림자로부터 자유로운 국립 추도시설을 새로 마련하는 것이 필요하다. 1959년부터 무명 군인과 민간인 유골 36만 4,896구가 안치된 치도리가후치 전몰자 묘원(千鳥ケ淵戦没者墓苑)을 모든 전몰자를 추모하는 국가시설로 확장하는 방안도 있다. 2013년 10월 3일 일본을 방문한 미국의 존 케리 국무장관과 척 헤이글 국방장관은 치도리가후치 전몰자 묘원(千鳥ケ淵戦没者墓苑)을 방문하여 헌화하였다.

일본 언론에서도 2013년 10월 19일 일본의 대표적 진보지인『아사히신문』에 이어 10월 21일 최대 부수를 자랑하는 보수 성향의『요미우리신문』도 사설에서 대체 추모시설의 건립을 주장했다. 2000년대 초반부터 자민당 내에서도 국립 추모시설 방안이 논의되어 왔지만 일본유족회나 우익 진영의 반발을 극복하는 것이 과제라 할 수 있다.

6. 도쿄 국제군사재판에 대한 평가와 향후 과제

도쿄 국제군사재판은 뉘른베르크 국제군사재판과 함께 제2차 세계대전 이후 전무후무하게 많이 열렸던 전범재판들 중에서도 유이한 국제 전범재판이었다. 그 후로 1990년대 중반 유엔 안보리가 구유고 국제형사재판소와 르완다 국제형사재판소를 설치할 때까지 거의 반세기동안 국제형사재판은 다시 열리지 않았다. 여기에는 여러 이유가 있겠지만 역시 가장 큰 요인 중 하나는 미소 냉전대립 때문이었다. 게다가 서독과 마찬가지로 일본도 미국의 역내 반공 보루로 자리 잡으면서 전범들도 하나둘씩 풀려나 1958년 마지막 서방 관할 전범이 석방되었다.

그럼에도 불구하고 도쿄 국제군사재판과 뉘른베르크 국제군사재판에 대한 오늘날의 평가는 극명히 갈리는 것으로 보인다. 후자가 나치 범죄를 단죄한 정의의 심판으로 인정받고 학술적 연구가 끊이지 않는 데 비해, 전자는 최근 들어 학계의 관심을 받기 시작하고 있지만 여전히 일본 우익으로부터는 "자학사관"을 심은 가혹한 승자의 정의였다는 이유로, 한국 등지에서는 거꾸로 히로히토 천황과 731부대, "위안부", 식민지 범죄 등의 처벌이 부족했다는 이유로 비판을 받는다. 이는 두 국제군사재판뿐만 아니라 전후 독일인 및 일본인 전범재판 일반에 대한 견해라고도 할 수 있다.

물론 이러한 차이는 독일과 일본 두 나라의 전반적 역사의 차이를 반영하는 것이기도 하다. 독일의 600만 유대인 학살은 민족 절멸 자체가 곧 목적이었던 제노사이드였다. 일본은 이에 필적할 만한 제노사이드를 구상하지는 않았으며, 가장 반인륜적 범죄라 할 수 있는 731부대를 비롯한 일본군의 생체실험 및 세균전은 미국과의 거래로 재판은커녕 1970년대까지 진실이 은폐되었다. 오히려 히로시마와 나가사키의 비극이 원폭 피해자로서의 아이덴티티를 남겼다고 할 수 있다. 유럽에서 독일이 두 차례 세계대전을 일으킨 "공공의 적"이라면 아시아에서 일본은 태평양전쟁 중 이미 서구 식민지배 하에 있던 동남아를 빼앗거나 형식적으로 해방시켰고, 결과론적으로는 전후 민족주의 세력에 의한 독립에 기여했다고 주장할 여지가 있다.

전후 역사에서도 독일과 일본은 큰 차이를 보인다. 독일은 동서로 분단되고 영국, 프랑스의 점령 하에 있었던 반면에 일본은 분단을 피했고 오히려 한국과 중국이 분단되어 전쟁까지 치렀다. 국내 정치에서도 전후 서독이 민주주의와 인간의 존엄을 최상위 가치로 삼고 좌우 스펙트럼의 정당들이 안정적 연립정권을 이어갔다면 전후 일본은 보수 자민당이 관료세력과 결탁하여 민주국가에서는 보기 드물게 장기집권 중이다. 1945년 이전 치안유지법 등에 의한 인권유린에 대한 배상, 처벌, 진상규명은커녕 전쟁 중 공습으로 인한 자국 민간인 피해자 수십만 명에 대한 보상조차 거부하고 있는 일본의 모습은 개인의 권리 구제와 진상규명 등을 핵심으로 하는 전환기 정의(transitional justice)를 생략한 보수적 민주주의의 극단적 사례로 보인다.

결국 뉘른베르크 국제군사재판이나 도쿄 국제군사재판에 대한 평가는 재판 자체에 대해서보다는 평가자나 해당 시기에 왜 특정한 평가가 지배적이었는지에 대해 생각할 거리를 더 많이 제공하는지도 모른다. 시바 겐스케 교수가 지적하듯이 독일에서도 패전 이후 한 세대 동안 전범재판은 법원칙을 무시한 가혹한 승자의 정의로 여겨졌고, 반(反)유대주의는 사라지지 않았으며, 나치 만행의 책임은 히틀러 등 일부 지도자들에게 전가되었다. 1990년대 보스니아 내전 이후 20년이 지났지만 세르비아인들 대다수가 여전히 구유고 전범재판의 정당성을 인정하기를 거부하고 있는 것을 보면 놀랍지 않은 일이다. 한국에서도 베트남전 중 한국군이 자행했던 민간인 학살을 노골적으로 부정하는 참전군인의 과격한 시위를 보기 어렵지 않다.

오히려 전후 68세대의 영향을 받은 독일의 사례가 특이한 것인지도 모른다. 독일의 경우에도 홀로코스트에 대해서는 적극적이지만 1904년 나미비아 식민지에서 자행했던 헤레로족 몰살에 대해서는 배상은커녕 책임 인정조차 피해 온 것을 보면 특히 그렇다. 결국 상징적이지만 나치 전범들의 계속된 형사기소와 생존자들에 대한 보상, 끈질긴 학술적 연구와 드라마나 영화를 통한 대중적 호소, 그리고 정치 지도자들의 리더십이 절묘하게 맞아떨어졌다고 할 수 있다. 그러한 움직임이 없었다면 뉘른베르크 국제군사재판과 다른 전범재판이 남긴 기록은 지금도 먼지만 뒤집어쓰고 있을지 모른다.

뉘른베르크 국제군사재판소와 비교했을 때 도쿄 국제군사재판소에 대한 연구는 여전히 걸음마 수준이라 할 수 있다. 도쿄 국제군사재판에 대한 평가도 승전국의 정치적 의도에 따른 "승자의 정의"라던가 히로히토 불기소와 같은 미비점에 너무 천착하는 지나치게 단순한 평가가 많다. 1990년대 민주화 이후 한국에서 있었던 12·12 및 5·18 재판만 보더라도 검찰의 기소유예와 번복, 헌법소원과 취하, 사형선고와 감형, 최종 사면 등 정치로부터 자유롭지 않았다. 그렇다고 해서 법원이 한국 현대사에 대해 권위 있는 규범적 판단을 내렸고, 전직 대통령의 처벌을 통해 법의 지배 확립에 기여한 것을 무시할 수는 없다.

이렇듯 재판과 사회변화는 상호작용한다. 재판은 공론의 장이자 증거와 증언의 형태로 많은 공공 기록을 남기며, 거꾸로 법정 밖에서의 정치적 변화나 사회적 각성이 재판을 추진하는 역동적 관계에 있기 때문이다. 때문에 재판은 지나치게 이상적으로 접근하기보다는 역사적, 사회적 프로세스의 일부이자 산물로 이해하는 것이 바람직할 것이다. 이는 전범재판과 같이 복잡 다양한 측면을 가진 재판의 경우 더더욱 그렇다고 할 수 있으며, 학제적, 국제적 연구와 연대가 필요한 이유이기도 하다.

1990년대 유엔 재판소에 의한 구유고 및 르완다 전범재판과 2002년 상설 국제형사재판소의 설립은 탈냉전 시대에 인권보호와 법의 지배를 강조하는 자유주의 사상과 시민사회의 승리로 여겨진다. 그러나 국제형사재판소 역시 수단 다르푸르, 리비아 사태에서 볼 수 있듯이 정치적 논란에서 자유로울 수 없다. 일본도 2007년 국제형사재판소의 당사국이 되었으나, 여전히 제노사이드 협약의 비준이나 인도에 반한 죄나 제노사이드를 범죄로 규정하는 국내 형법 개정도 하지 않고 있다. 재판소 설립이나 재판 실시만으로 보편규범이 수용되지는 않는 것이다.

E. H. 카의 말대로 역사가 과거와 현재 사이의 끝없는 대화라면 도쿄 국제군사재판에 대한 평가도 기억을 둘러싼 투쟁과의 역동적 상호작용 속에서 현재 진행 중이다. 도쿄 국제군사재판에서 소외되었던 한국의 경우 오너십을 느끼기 어려운 것이 사실이지만 어떠한 가치를 부여할지를 고민할 필요가 있다. 일본인 전범들 스스로도 인정했듯이 일본의 침략전쟁과 잔학행위를 재판이라는 법적 절차를 통해 증거에 입각해 징벌한 것을 과소평가할 수는 없다. 이는 일본 정부와 사회를 움직일 열쇠이기도 하다.

이 시점에서 필요한 것은 재판이 남긴 기록의 냉철하고 면밀한 분석과 재판의 미비점을 보완하기 위한 노력일지도 모른다. 2000년 도쿄에서 시민사회가 중심이 되어 일본군 "위안부" 문제 해결을 우해 조직했던 여성국제전범재판이 그와 같은 시도의 일환이라 할 수 있다. 2004년 만들어져 10여 년 간 활동했던 한국의 일제강점기 강제동원 피해조사위원회(2010년 이후 대일항쟁기 강제동원 피해조사 및 국외강제동원 희생자 등 지원위원회)도 역시 비슷한 맥락에서 이해할 수 있다. 지금도 필요한 것은 행위자의 관심과 의지이다.

참고문헌

Neil Boister and Robert Cryer, *The Tokyo International Military Tribunal: A Reappraisal* (Oxford; New York: Oxford University Press), 2008.

R. John Pritchard (annotated, compiled & edited), *The Tokyo major war crimes trial: transcripts of the court proceedings of the International Military Tribunal for the Far East* (124 vols.) (Lewiston, NY : Published for the Robert M.W. Kempner Collegium by the Edwin Mellen Press), 1998-2006.

Yuki Tanaka, Tim McCormack, and Gerry Simpson (ed.), *Beyond victor's justice? : the Tokyo War Crimes Trial revisited* (Leiden; Boston: Martinus Nijhoff Publishers), 2011.

Yuma Totani, *The Tokyo war crimes trial : the pursuit of justice in the wake of World War II* (Cambridge, MA: Harvard University Press), 2008.

粟屋憲太郎,『東京裁判への道(上・下)』(東京: 講談社), 2006.

林博史,『戦犯裁判の研究 戦犯裁判政策の形成から東京裁判・BC級裁判まで』(勉誠出版), 2009.

日暮吉延,『東京裁判』(講談社), 2008.

8

조선인 B·C급 전범,
그들은 누구인가

강경자

조선인 B·C급 전범이란 전후 연합국 전범재판에서 B·C급 전범으로 분류되어 교수형에 처해지거나 감옥에서 복역해야 했던 148명의 조선인을 뜻한다. B·C급 전범이란 전쟁 주범인 A급 전범을 제외한 통상적 전범들을 일컫는 말로써, 국제군사재판소의 조례(Charter of the International Military Tribunal for the Far East) 제5조에 따라 분류된 것이다. 이 조례에 따라 '통상적인 전쟁범죄(B항)'를 범한 전범은 B급 전범, '인도에 반한 범죄(C항)'를 범한 전범은 C급 전범으로 분류되었다. 조선인 B·C급 전범 148명 중 129명은 포로감시원으로 일했던 일본 군속 군무원들로서 주로 연합군 포로들에 대한 학대죄목으로 처벌을 받았다. 129명 중 14명은 사형에 처해졌으며 유기형에 처한 115명 중 72명은 10년 이상의 중형을 선고받았다. 전후 일본 정부의 전범 석방과정에서 생존하였던 조선인 전범들은 1957년까지 감형, 석방될 수 있었다. 그러나 자유의 몸이 된 그들을 기다리고 있었던 것은 차가운 일본 사회의 냉대와 조국으로부터의 외면이었다. 조선인 전범이라는 오명 속에 아무 연고도 없는 일본에서 대부분 비참하게 그 생을 마감해야 했다.

이 조선인 B·C급 전범들의 이야기 속에는 제국 일본에 의해 강제징용 당했던 식민 조선 청년들의 굴곡진 삶과 슬픈 조선의 근현대사가 녹아 있다. 또한 이들의 삶 속에는 식민지 문제에 눈감아버린 연합국 전범재판의 불공정성과 전쟁책임을 식민 청년에게 전가해버린 일본 제국주의의 민낯이 숨어 있다. 그럼에도 여태까지 한국 사회에서 이 조선인 B·C급 전범 이야기는 많은 관심을 받지 못했다. 이들은 "대일 협력자", "일제의 앞잡이"라는 편견 속에 외면당해 온 존재들이었다.

그러나 이제 우리는 다시는 이와 같은 전쟁피해자가 역사 속에 되풀이 되지 않도록 하기 위해, 인권을 중심으로 한 평화 분위기 조성을 위해, 진정한 한일양국의 화해의 세기를 열어가기 위해, 이 조선인 전범들의 이야기에 귀 기울여야 할 것이다. 적어도 조선인 B·C급 전범, 그들은 누구인지 또한 이들을 전범으로 단죄하였던 B·C급 전범재판의 모습은 어떠했는지 알아야 할 것이다. 이와 같은 문제의식 속에 이 글에서는 B·C급 전범으로 내몰렸던 조선인 청년들의 이야기를 소개하며 오늘날 우리들에게 맡겨진 과제는 무엇인지 생각해보고자 한다.

1. 강제동원 된 조선의 포로감시원

일본은 1940년 9월 북부 베트남에 대한 공격을 시작으로 동남아시아 일대 전쟁을 개시하여 파죽지세의 기세로 마닐라, 싱가포르, 자바, 필리핀 등지를 차례로 점령해 나갔다. 이러한 점령지역의 확대는 미국, 영국, 네덜란드 등 연합군 병사들의 포로화 문제를 야기하였다. 1941년 12월 일본 군부는 육군성에 '포로정보국(捕虜情報局)'을 신설하여 태국과 말레이시아, 인도네시아, 필리핀, 만주, 대만, 한반도 등에 포로수용소를 설치했다. 그리고 당시 26만 1천여 명으로 추정되었던 연합군 포로들의 관리를 위해 조선과 대만인 포로감시원들을 모집하기 시작했다.

조선에서 처음으로 포로감시원 공고가 난 것은 1942년 5월 23일자 신문을 통해서였다. 조선총독부 정보과의 발표내용을 바탕으로 한 포로감시원 모집광고가 『매일신보』와 『경성일보』에 나온 것이었다. 당시 신문을 보면 1면부터 3면까지 대대적인 모집광고가 나와 있다. 신문 기사제목을 보면 "거듭되는 반도청년의 영광, 군속으로 수천 명 채용, 각지의 미영인 포로를 감시지도", "반도인 청년의 영광, 미영인 포로감시원에 대량채용"등의 모집 기사가 나와 있다.(5월 23일자 『매일신보』) 또한 며칠 뒤 신문에는 포로감시원 지원자 접수를 시작하자마자 접수 첫날부터 지원이 마감되었다는 기사도 발견할 수 있다.

이러한 모든 정황은 당시 조선의 청년들이 자발적으로 포로감시원에 지원하였던 것이지 강제동원이 아니었음을 말하고 있는 것 같다. 그러나 여기서 고려해 볼 문제가 있다. 당시 일제 말기 조선은 국가총동원체제 아래에 놓여 있었다. 조선의 전 민중이 인력동원과 물자 동원의 대상이 되었던 시기였다. 청년들 대부분은 탄광 또는 제철소 등지로 강제징용을 당하는 상황이었다. 이러한 상황 속에서 월 50엔이라고 하는 높은 보수의 포로감시원 모집은 상당히 매력적인 제안이었을 것이며, 이를 보고 자발적으로 지원했을 것이라고 예측할수도 있다. 그리고 군무원에 지원했던 사람들 중 몇몇은 자발적으로지원한 사람들도 있었을 것이다.

그런데 문제는 당시 이 '모집'이라는 방법에 있다. '모집'이란 방법은 일본군위안부동원에도 사용되었던 방법으로써 당시 일본 당국의 위선적인 강제징용의 술책 중하나였다. 실제적으로는 지속적인선동과 회유, 가족들을 향한 위협과 같은 압박수단이 동원되었음에도 불구하고 겉으로는 모집이라는 술책을 쓴 경우가 허다하였다. 포로감시원들의 모집도 이와 크게 다르지 않았다. 문태복, 윤동현, 김완근 등 여러 생존자들의 증언에 따르면 군수와 경찰서장, 촌장 등이 가족들을 찾아와 회유, 압박하면서 이들이 포로감시원에 지원하지 않을 경우 마을과 가족이 겪어야 하는 불이익을 이야기하였다고 한다. 포로감시원의 모집은 지원과 모집의 탈을 쓴 강제동원이었다.

이렇게 모집, 동원되었던 조선인 포로감시원은 총 3,223명이었다. 이들은 부산 노구치 부대에 입소하여 두 달 간의 군사훈련을 받았다. 그런데 노구치 부대에서의 훈련과정은 신문과 관공서를 통해 홍보하던 내용과는 판이하게 다른 것이었다. 이들에게 필요한 포로감시원 업무수행에 필요한 교육과정은 전혀 없었다. 대신 전투에 나가는 군인들처럼 육체적인 군사훈련과 함께 '전진훈' 등의 문구를 암송하는 정신교육을 강요받았다. 고된 훈련을 이기지 못해 훈련 1개월 만에 전체 포로감시원의 10%에 해당하는 300명이 그만둘 정도로 훈련은 모진 것이었다. 퇴소로 인한 결원을 채우기 위해 포로감시원을 재모집해야 할 만큼 포로감시원들이 당해야 했던 고된 훈련과 부당한 처우는 말할 수 없이 힘든 것이었다.

조선인 포로감시원들이 임시교육대 훈련을 마친 것은 1942년 8월 17일이었으며 조선인 포로감시원 총 3,223명 중 3,016명이 태국, 자바, 말레이시아 등지의 남방 포로수용소에 배속되었다. 자바 수용소에 1408명, 태국과 말레이시아 포로수용소에 각각 804명이 배속되었다. 전후 전범재판에 회부되어 재판받아야 했던 148명의 조선인 전범 중 포로감시원은 129명이나 되었으며 이들은 모두 이곳 남방 포로수용소에 배속된 군속이었다.

2. 포로정책을 둘러싼 일본의 책략과 식민 포로감시원

그러면 왜 일본은 굳이 당시 조선과 대만이라는 식민지 청년들을 포로감시원으로 동원하였을까? 이는 일차적으로는 포로를 직접 감시할 병력이나 인원이 충분하지 않았기 때문이다. 전쟁의 확대로 절대인력이 부족하였으므로 식민지 청년들을 군속으로 동원하지 않으면 안 되는 상황이었다.

그러나 당시의 정황을 살펴보면 단순히 인원확충을 위해서만이 아니었을 또 다른 이유, 일본 군부의 의도된 책략이 숨어 있을 가능성이 크다. 일본 군부의 책략이란 포로들을 관리 감독하는 과정에서 발생하는 학대와 피해에 대한 책임을 식민지민에게 전가하고자 한 것이라고 할 수 있다. 앞으로 발생할지도 모르는 '포로학대'라고 하는 전쟁범죄에서 모면하기 위해 식민지 출신의 감시요원을 선발한 것으로 볼 수 있는 것이다.

당시의 정황과 전후의 전범처리 과정에서 드러나는 일본 군부의 모습은 이러한 의도화된 계획을 짐작하게 한다. 일본은 포로학대와 관련된 일본인들을 보호하기 위해 종전(終戰) 직전에 다른 곳으로 전출시켜 책임추궁에서 모면하게 하였다. 그러나 조선인과 대만인 국적의 포로감시원들에게는 기본적인 정보조차 주지 않았다. 포로학대라고 하는 전쟁범죄를 모면하기 위해 식민지 청년들을 이용한 일본 군부의 책략을 엿볼 수 있는 당시 정황을 좀 더 자세히 살펴보면 다음과 같다. 남방 포로수용소 포로들의 관리 감독 필요성이 대두되었던 1941년 전후의 국제사회는 포로에 대한 학대행위가 심각한 전범행위에 해당되었다. 포로들에 대한 학대행위는 그 어떤 전쟁 범죄보다 엄격한 잣대에 의한 제약을 받고 있었다. 구체적인 예로서는 1929년에 체결된 '포로의 대우에 관한 협약'을 들 수 있다. 이 협약에 따라 포로에게 폭행, 협박, 모욕을 금지하고 포로들에게는 건강상 필요한 의료제공을 의무화하였다. 포로에게 항상 인도적으로 대우해야 하며, 포로를 사망케 하거나 그 건강에 중대한 위해를 가하는 행위는 본 협약의 중대한 위반으로 간주하였다. 일본은 1934년 이 협약에 가입함으로써 국제적으로 이 협약을 준수해야 하는 의무가 있었다. 또한 일본은 이 협약의 체약국으로써 마땅히 이러한 협약의 내용을 군부와 포로감시원들에게 교육해야 했었다.

그러나 일본 군부는 포로감시원들에게 포로들 관리를 위한 기본적인 교육 대신 일본군대의 절대적 규율을 중심으로 군사교육과 정신 교육을 시켰다. 제네바 조약이나 포로에 대한 규정을 가르치는 대신 '하급자는 상급자의 명을 받을 것', '천황은 신성한 존재이므로 침해할 수 없다'와 같은 일본군 전반에 주입된 정신교육을 기초로 혹독한 군사훈련만을 하였다. 1941년 도조 히데키(東条英機) 육군대신의 이름으로 전 육군에 하달되었던 '전진훈'의 내용은 "살아서 포로의 치욕을 당하지 않는다(生きて虜囚の辱かしめを受けず)"라고 하는 것이었다. 이처럼 인도주의적 정신과는 거리가 먼 군국주의 사상으로 포로감시원들을 세뇌시켜 놓았기 때문에 적국의 포로를 어떻게 취급해야 하는지 전혀 알지 못했다. 이런 가운데 연합국 포로들은 학대와 굶주림, 질병 속에 많은 사람들이 희생당했다. 나치 포로들의 사망률이 4% 남짓하던 시대에 동남아시아에서 붙잡힌 연합군 포로의 사망률은 27%에 육박하였다. 이와 같은 사태가 발생하자 일본군은 국제적으로 포로학대라고 하는 비난에서 벗어날 수 없었다. 1942년 8월 미국 루스벨트 대통령은 일본에 대해 연합국 포로학대에 대한 경고를 하였음에도

일본 정부는 포로들에 대한 학대를 멈추지 않았다. 이러한 일본을 향해 연합국은 포로학대에 대한 엄격한 심판을 경고하였다.

포로학대에 대한 연합국의 경고와 분노는 포츠담 선언에도 잘 나타난다. 1945년 7월 미국·영국·중국의 3개국 대표가 포츠담에 모여 일본의 항복 조건과 일본 점령지의 처리에 관하여 발표한 이 선언에는 일본 제국주의 지도세력의 제거, 전쟁 범죄인의 처벌, 연합국에 의한 점령, 일본 영토의 제한 등을 선언하고 있다. 특히 포츠담 선언 제10항에서는 전쟁범죄자의 처벌로써 연합국 포로들에게 행한 잔혹행위를 대표적 예로 들고 있다. 따라서 일본은 패전으로 항복하게 될 경우 그 어떠한 전쟁범죄보다 포로학대 범죄에 대해 엄격하게 추궁당할 것을 이미 예견하고 있었다. 또한 포로수용소를 설치하여 포로감시원들을 모집하였을 때는 이미 이러한 모든 국제적 정황을 알고 있는 상황이었다. 따라서 포로학대라고 하는 전쟁 범죄에서 책임을 모면할 궁여지책으로 식민조선과 대만의 청년들을 동원한 것이었을 가능성을 전혀 배제할 수 없다고 할 것이다.

3. B·C급 전범재판 법정의 풍경

이처럼 전후 포로학대에 대한 전범처리가 엄격하게 다루어질 것이라는 것은 이미 예견된 것이었다. 그리고 포로학대라는 전범자로서 법정에 서야 했던 이들은 다름 아닌 바로 조선과 대만의 포로감시 원들이었던 것이다. B·C급 전범은 전체 약 5,600명이 각지에서 체포되어 투옥되었으며 요코하마, 상하이, 싱가포르, 라바울, 마닐라, 마누스 섬 등 각지에서 약 1천 명이 군사재판을 받고 사형 당했다.

그리고 이들 BC전범 속에 조선인과 대만인 포로감시원들도 있었다. 전범재판에 회부되었던 조선인 148명 중 3명의 군인과 16명의 통역병을 제외하면 129명 모두가 포로감시원들이었다. 129명의 포로감시원 중에는 14명이 사형, 115명이 유기형에 처해졌는데 무기징역을 포함한 10년 이상의 중형을 선고받은 자만 72명이나 되었다. 이는 도쿄재판과 비교할 때 그 엄격함과 부당성이 드러난다. 전쟁책임자들, 소위 A급 전범들을 처벌하기 위해 이루어진 도쿄 재판에서 교수형에 처한 자는 7명에 불과하였다. 종신형 16명과 금고형 2명을 합하여도 총 25명을 처벌하는 데 그쳤다.

공정한 전범재판이라면 전쟁책임이 있는 자들에게 더 큰 책임을 물어야 했다. 그러나 B·C급 전범재판은 혹독한 포로정책을 입안하고 지시했던 일본인 장교들보다 전쟁수행에 있어서 상부의 명령에 복종할 수밖에 없었던 전장의 최하위 포로감시원들에게 더 엄격하게 전쟁책임을 물었던 셈이 되었다. 연합국은 B·C급 전범자들에 대하여는 단호한 처벌 의지를 보이면서도 전쟁지휘부의 최고책임자들이었던 A급 전범들에게는 관대한 조치를 취하는 이중적 모습을 보였다.

더군다나 B·C급 전범재판 과정에는 많은 문제들이 있었다. 재판은 학대당한 포로들이 쓴 구술서에 따라 진행되었는데 구술서를 작성한 포로들의 대부분은 재판이 시작되기 전에 귀국해 버렸다. 따라서 날조되거나 과장된 내용이 있어도 피고는 변명의 기회조차 얻지 못하였고 반대심문은 생각할 수조차 없었다. 변호사가 없는 것은 물론 조선인과 대만인의 모국어 통역은커녕 일본어 통역지원조차 없었다. 또한 재판의 판결에 있어서 명확한 형량의 근거도 없었다. '뺨 한 대에 징역 10년'이란 말이 있을 정도로 어떤 범죄행위에 어느 정도의 형량을 선고해야 하는지에 대한 기준이 없었다. 또한 포로학대행위를 처벌한다는 명목으로 이루어진 전범재판임에도 불구하고 전범자들을 수용한 감옥에서의 학대행위는 가혹하였다. 이들은 전범 용의자들에게 죽지 않을 만큼의 식량만을 공급함으로 배고픔에 시달리게 한 것은 물론 린치와 같은 폭행행위도 서슴지 않았다. 이는 분명 포로들에 대한 학대행위를 금지한 국제협약을 위반하는 것이었다.

B·C급 전범재판의 판사는 대부분 연합국 군인이었다. 그런데 연합국 자신이 식민지 종주국이었기 때문에 일본의 식민지 지배하에 있었던 조선인, 대만인의 고통에 대한 이해가 전혀 없었다. 이들 식민지 청년들이 식민제국 일본의 부당한 명령에 복종을 강요당한 피해자라는 이해는 전무하였다. 가해자로써의 행위이전에 그러한 결과를 낳은 근본적인 원인, 제국주의 시대 식민지 청년들이 겪어야 했던 강

제동원의 피해를 고려했다면 이들 포로감시원들에게 이토록 가혹한 전범재판을 하지 않았을 것이 분명하였다. 조선인 포로감시원들의 행위가 엄연한 전쟁범죄에 해당하는 것이었다 할지라도 이와 같은 전범행위를 이들에게 강요한 식민제국주의의 폭력성을 고려해야 마땅했으나 식민종주국이었던 연합국 판사들에게 이와 같은 의식은 전혀 찾아볼 수 없었다. 포로감시원들이 연합군 포로에게 폭행과 학대를 일삼은 가해자인 것은 분명하였으나 식민지 포로감시원들이 포로학대행위에 대한 모든 책임을 지고 사형까지 당해야 했는가 하는 문제는 이 전범재판의 공정성에 대한 의문을 제기하기에 충분한 것이다. 결국 B·C급 전범재판은 보복성 농후한 불법적 재판이라고 하는 오명을 남기며 전범재판 과정과 결과에 대한 비판은 피할 수 없게 되었다.

4. 고국에 귀환하지 못한 조선인 B·C급 전범의 전말

1950년 1월 23일 네덜란드령에서 재판을 받고 복역하던 B·C급 전범 693명과 1951년 8월 27일 영국령에서 재판을 받은 B·C급 전범 231명은 일본으로 송환되어 도쿄 스가모 교도소에 수감되었다. 일본으로 송환된 전범자들 중에는 각각 65명과 31명의 조선인 전범이 있었다. 당시 스가모 교도소는 미군의 관리 하에 있었으나 1952년 4월 28일 샌프란시스코 강화 조약 발효와 함께 일본 정부가 이를 관리하게 되었다. 이 조약을 통해 일본은 주권을 회복하고 연합국 관리 하에 있던 모든 권한을 되찾게 됨으로써 일본인 전범자 형 집행은 이제 일본 정부가 하게 되었다.

그런데 샌프란시스코 강화조약 발효와 함께 일본 정부는 더 이상 조선인 전범들에게 형을 집행할 수 없었다. 왜냐하면 강화조약 제11조에는 "일본국은 극동국제재판소 또는 일본 국내 및 국외 다른 연합국전쟁범죄재판소의 판결을 승인하고 일본에 구금되어 있는 일본 국적자에게 부과된 형을 집행한다"고 명시되어 있기 때문이었다. 일본 정부는 일본에 구금되어 있는 일본국적 전범자들에게만 형 집행을 할 수 있었다. 일본은 1952년 4월 19일 '평화조약의 발효에 동반되는 조선인 대만인에 관한 국적 및 호적 사무의 처리에 관하여'라는 법률 조항을 통해 조선인 및 대만인은 일본에 재주하고 있는 자를 포함하여 모두 국적을 상실한다고 규정하였기 때문에 조선인들은 더 이상 일본 국적자가 아니었다. 따라서 평화조약의 내용상, 국적관련 일본의 국내 법률상 더 이상 일본 국민이 아닌 조선인 전범들에 대해 형 집행을 할 권한이 없었다. 일본 정부는 조선인 전범들을 즉시 한국 정부로 송환하거나 석방해야 했다.

그러나 일본 정부는 1952년 4월 28일 샌프란시스코 조약 효력 발생에 앞서 새로운 법률안을 신설하였다. '평화조약 제11조에 의한 형 집행 및 사면에 관한 법률'이라는 법률이었다. 이 법률을 통해 일본 정부는 형 집행 의무 대상자를 '연합국에 의해 형을 부과 받은 자'로 규정함으로써 조선인 전범자들에 대한 형 집행을 강행해 나갔다. 조선인 전범자들은 연합국에 의해 형을 받은 자이며 형을 선고 받았을 때는 일본인이었기 때문이라는 것이다.

한편 B·C급 전범들은 전후 일본 사회 일본인 B·C급 전범석방운동 등이 전개되면서 조선인 전범들을 포함한 모든 전범들이 1957년에 이르기까지 전원 감형 석방되었다. 그러나 구사일생 석방되었던 조선인 전범들에게 자유를 만끽할 수 있는 여유는 없었다. 일본 정부는 그들이 이미 일본 국적을 상실하였다는 이유로 아무런 지원 없이 맨몸으로 출소시켰다. 친척도 생활기반도 없는 일본 사회에 맨몸으로 내던져져야 했던 이들을 기다리고 있었던 것은 극심한 생활고로 허덕이는 밑바닥 생활이었다. 수감자 중에는 아무 대책 없는 석방을 거부하며 일본 정부에 주택과 취업 알선, 생업 자금의 대출 등을 요구하였으나 묵살 당하였다.

그렇다고 그리운 고향에 돌아갈 수도 없었다. 법적으로는 가석방 상태이었기 때문이었다. 귀국할 자유조차 빼앗긴 채 아무 연고도 없는 일본에서 온갖 차별과 불이익에 시달리며 대부분의 이들은 막노동으로 하루하루를 살아야 했다. 어떤 이들은 생활고에 비관하여 자살하였으며 거의 모두 일본의 냉대 속에 고독하고 비참한 삶을 마감해야 하였다. 조국에 남겨진 유족 또는 가족들조차도 "대일 협력자"의 유족으로 낙인 찍혀 살아야 했다.

5. 남겨진 과제

이상 살펴본 바와 같이 조선인 B·C급 전범의 이야기 속에는 식민제국 일본의 신민으로서 그 인권을 철저히 유린당해 온 슬픈 식민청년의 적나라한 모습이 담겨있다. 물론 조선인 포로감시원들의 연합군 포로에 대한 학대행위는 심판받아야 할 전범행위이었다. 포로학대 행위는 국제전범재판이 규정한 전쟁범죄에 해당될 뿐만 아니라 죽음에까지 내몰렸던 포로들이 겪어야 했던 고통은 그 무엇으로도 정당화 될 수 없다.

그러나 당시 조선인 청년들이 식민지민이라는 피해자로서 어쩔 수 없이 가해자가 되어야 했던 상황, 이중피해자로서의 상황을 고려하지 않으면 안 된다. 역사 속의 진실을 파헤치며 진실규명을 통해 진정한 피해보상과 함께 전범으로서의 오명을 씻을 수 있는 사회적 노력과 운동이 필요한 것이다.

1955년 재일 조선인 전범들과 그 유가족 70여 명은 동진회를 결성하여 이와 같은 운동을 해오고 있다. 이들은 꾸준한 소송재판운동을 통해 일본 정부에 국가보상을 요구해 왔으며, 그 결과 1998년 7월 13일 도쿄 고등법원으로부터 조선인 전범문제에 대한 적절한 입법 조치가 취해지는 것이 바람직하다는 판결을 얻게 되었다. 이후 동진회는 보상청구재판운동에서 국회에 입법을 촉구하는 입법촉구운동으로 방향을 전환하여 일본의 내각이 바뀔 때 마다 내각 총리대신에게 조선인 전범문제 보상관련 입법을 요구해 왔다. 이러한 운동 결과 2003년 7월 중의원 내각위원회에서 후쿠다 관방장관(福田官房長官)으로부터 정부 차원에서 시급한 실정조사에 임하겠다는 약속을 받게 되었다. 그리고 마침내 2017년 2월 한일 의원연맹 일본 의원들을 중심으로 B·C급 전범 피해자에 대한 보상법안이 추진되기에 이르렀다. 보상법안이 실제 입법화될지 여부는 아직 미지수이지만 실제적인 법안이 성립하게 되면 1인당 260만 엔의 특별급부금이 지급되게 될 것이다.

한편 한국에서는 2004년 3월 5일 일제강점하 강제동원 피해의 진상을 규명하기 위한 법률 '일제강점하 강제동원피해진상규명 등에 관한 특별법'(법률 제7174호)이 제정되었다. 여기서 강제동원피해란 일본이 아시아·태평양 지역 일대에서 침략전쟁을 수행하기 위해 실시한 인적·물적 동원정책으로, 일제에 의하여 강제동원 되어 군인·군무원·노무자·일본군위안부 등의 생활을 강요당한 자가 입은 생명·신체·재산 등의 피해를 뜻하는 것이다. 이 법률에 따라 국무총리 소속하 '일제강점하강제동원피해진상규명위원회'가 신설되었다. 이 위원회의 진상규명에 따라 2006년 처음으로 B·C급 전범으로 몰려 사형이나 징역형을 받은 조선인 148명 중 83명이 강제동원 피해자로 인정받게 되었다. 이에 따라 이들은 오랫동안 벗어날 수 없었던 전범이라는 오명을 씻을 수 있었다.

이렇게 볼 때 조선인 전범문제는 얼마간의 진상규명이 이루어졌으며 피해보상에 대한 해결 전망이 어둡다고만은 할 수 없다. 그러나 조선 청년들을 전쟁터로 내몰고, 전범으로서의 굴레를 씌워 그 인권을 철저히 짓밟은 일본 정부는 아직도 이 역사의 책임을 회피하며 이에 대한 사과와 지원을 하지 않고 있다. 따라서 피해자에 대한 보상법안추진이 이루어지고 있는 현재, 그 어느 때보다도 더 목소리를 높여 일본이 자행한 전쟁범죄를 직시하고 이에 대한 사과와 보상조치를 취하도록 해야 할 것이다. 한일 양국의 진정한 화해와 상생을 위한 미래를 만들어 나가기 위해서는 일본이 미결의 전후처리문제를 인지하고 전쟁책임을 성실히 이행해나가도록 촉구하여야 할 것이다. 전쟁의 이중피해자로서 조선인 전범들이 겪어야 했던 역사적 진실과 그 속에 숨겨진 식민제국주의와 전쟁으로 인한 인권유린의 본질적인 문제에 눈을 돌려 보다 더 근본적인 문제해결을 위한 발걸음을 한걸음씩 떼어나가는 것이 오늘 우리에게 맡겨진 과제일 것이다.

참고문헌

内海愛子, 『朝鮮人BC級戰犯の記錄』, 勁草書房, 1982.
＿＿, 『キムはなぜ裁かれたの朝鮮人BC級戰犯の軌迹』, 朝日新聞出版, 2008.
田中宏巳, 『BC級戰犯』, 筑摩書房, 2002.
林博史, 『BC級戰犯裁判』, 岩波書店, 2005.
戸谷由麻, 『不確かな正義 : BC級戰犯裁判の軌跡』, 岩波書店, 2015.
조건, 『조선인 B·C급 전범에 대한 진상조사: 포로감시원 동원과 전범 처벌 실태를 중심으로』, 대일항쟁기강제동원피해조사및국외강제동원희생자등지원위원회, 2011.

9

일본군 '위안부' 문제, 12·28 한일 위안부 합의는 무엇이었는가

조진구

1. 한일 '위안부' 합의 전사(前史)

정신대위안부로 고통 받았던 내가 이렇게 시퍼렇게 살아있는데 일본은 종군위안부를 끌어간 사실이 없다 하고 우리 정부는 모르겠다 하니 말이나 됩니까(중략). 우리 정부가 하루빨리 정신대문제를 밝혀내 일본 정부의 공식사죄와 배상을 받아야 한다.(『동아일보』, 1991년 8월 15일)

1991년 8월 14일 김학순 할머니가 자신이 일본군 '위안부'였다고 고백했다. 할머니의 고백은 한일 양국 국민에게 커다란 충격을 주었으며, 일본군 '위안부' 문제가 역사의 전면에 등장하는 계기가 되었다. 김학순 할머니는 12월 6일 일본의 군인, 군속으로 끌려갔던 다른 피해자·유족들과 함께 일본 정부를 상대로 사죄와 배상을 요구하는 소송을 도쿄지방재판소에 냈다. 이것은 일본군 '위안부' 문제를 둘러싼 한일 간 외교공방의 시작을 알리는 신호이기도 했다.

1992년 1월 11일 『아사히신문』은 요시미 요시아키 주오대학 교수의 제보를 바탕으로 일본군이 위안부의 모집과 위안소의 설치·감독·통제에 관여했음을 보여주는 자료가 방위청 방위연구소 도서관에서 발견되었다고 보도했다. 그러자 1월 13일 정부 대변인격인 가토 고이치 관방장관은 일본군의 관여를 인정하고 '사죄와 반성'을 표명하는 담화를 발표했다. 일본군 '위안부' 문제와 관련해 일본 정부가 일본군의 관여를 인정하고 사죄를 표명한 것은 이것이 처음이다.

가토 장관은 한국 방문 예정인 미야자와 기이치 총리가 한국 국회 연설을 통해 일본 정부 입장을 표명할 것이며, 일본군의 관여 여부를 일본 정부가 내부적으로 조사하고 있다고도 밝혔다. 1월 17일 미야자와 총리는 1965년 국교정상화 이후 일본 총리로서는 처음으로 한국 국회에서 연설을 했는데, 과거의 잘못을 되풀이하지 않도록 역사를 올바로 후대에 전달하는 것이 자신들 세대의 책무라고 말했다. 위안부 문제와 관련해서는 "정말로 가슴 아픈 일이며 진심으로 죄송하게 생각"한다고 사죄했다.

일본군 '위안부'에 관한 일본 정부의 내부조사 결과는 1992년 7월 6일과 1993년 8월 4일 두 번에 걸쳐 발표되었다. 1992년의 제1차 조사결과 발표는 경찰청, 방위청, 외무성, 문부성, 후생성, 노동성 등 일본 정부 내부 부처를 대상으로 한반도 출신에 국한해 이뤄진 것인데, 가토 관방장관은 일본 정부의 관여를 인정하고 다시 한 번 사죄와 반성을 표명했다. 1993년의 제2차 발표는 일본 국내만이 아니라 미국을 포함한 국외조사, 서울에서의 일본군 '위안부' 피해자와의 면담조사를 바탕으로 한 것이었다.

제2차 조사결과와 함께 고노 요헤이 관방장관은 담화를 내고 일본군이 직간접적으로 관여하여 여성의 명예와 존엄에 깊은 상처를 입힌 문제라고 인정하면서 사죄와 반성의 뜻을 표명했다. 또한 고노 담화는 위안부 모집이 본인들의 의사에 반해 감언과 강압에 의해 이뤄졌으며, 위안소 생활은 강제적이고 참혹했을 뿐만 아니라 일본을 제외하면 한반도 출신이 가장 큰 비중을 차지했다고 밝혔다.

이러한 역사적 진실을 교훈으로 직시하고 역사연구와 역사교육을 통해 오래 기억하고 같은 잘못을 되풀이 하지 않겠다는 결의를 담은 고노 담화는 일본 정부의 가장 전향적인 입장 표명으로 평가되고 있지만, 일본 정부의 책임을 인정하지는 않았다.

1993년 8월 전후 38년 간 지속된 자민당의 장기 집권이 붕괴되는 정치적 격변을 겪은 뒤에 등장한 사회당과 자민당 연립정권 하에서 1995년 7월 '여성을 위한 아시아평화국민기금'(아시아여성기금)이 설립되었다. 아시아여성기금은 일본 국민으로부터 모금한 5억 6,500만 엔으로 한국과 필리핀, 타이완 출신의 일본군 '위안부' 피해자에게 위로금(일본어로는 償い金)을 지급하고, 위 세 나라 이외에 인도네시아와 네덜란드 출신의 피해자에게 일본 정부 예산으로 의료복지지원을 실시했다. 한국의 경우, 한국 정부와 피해자, 지원단체의 반대에 부딪혀 61명의 피해자가 지원을 받고 사업은 중도에 종료되었다.

이 사업에 동의하여 아시아여성기금의 지원을 받은 피해자들에게는 하시모토 류타로 총리부터 고이즈미 준이치로 총리에 이르는 네

명의 총리 명의의 '사죄와 반성'의 뜻을 담은 서한이 전달되었다. 여기서 처음으로 일본 정부는 '도의적인 책임을 통감'한다는 표현을 사용하여 책임을 인정했다. 그러나 일본 정부는 한일 간의 청구권 문제는 1965년의 청구권협정에 의해 완전하고 최종적으로 해결되었다는 입장을 견지해 왔기 때문에 법적인 책임과 배상을 요구하는 한국 측과는 인식 차이가 컸다.

특히, 2005년 8월 26일 한일회담 관련 문서를 공개하면서 한국 정부는 청구권협정은 일본의 식민지배 배상을 청구하기 위한 것이 아닐 뿐만 아니라 일본군 '위안부'처럼 일본 정부와 군 등 국가권력이 관여한 반인도적 불법행위는 청구권협정에 의해 해결된 것으로 볼 수 없어 일본 정부의 법적 책임이 남아 있다는 입장을 밝혔다. 그때까지 일본 정부의 법적 책임에 대해 명시적인 언급을 피해 왔던 한국 정부의 태도는 일본 정부를 당혹스럽게 했다.

더구나 일본군 '위안부' 피해자와 유족들이 국가를 상대로 제기한 헌법소원에 대해 2011년 8월 30일 헌법재판소는 청구권협정의 해석과 실시에 관해 분쟁 발생시 동 협정 제3조에 따라 해결하지 않았던 정부의 부작위로 피해자의 기본권이 침해됐다는 위헌 결정을 내리면서 한일 양측에 패인 골은 더욱 깊어졌다.

2011년 9월 15일과 11월 15일 외교통상부는 청구권협정에 따른 양자협의의 개시를 제안했지만 일본 정부는 거부했다. 청구권협정 제3조에 따르면, 분쟁 발생시 우선 외교적 경로를 통해 해결하지만 외교적으로 해결할 수 없는 경우 양측과 제3국의 중재위원으로 구성된 중재위원회에 회부하도록 되어 있었다. 그러나 분쟁 해결을 위해 양측이 제3의 중재위원 지명에 합의할 가능성은 거의 없었기 때문에 중재를 통한 해결은 애초부터 불가능했다고 해도 과언이 아니다.

한편 1992년 1월 8일 미야자와 기이치 총리의 방한을 앞두고 한국 정신대문제대책협의회(정대협)가 주축이 되어 시민단체는 일본 정부의 위안부 범죄 인정과 진상규명, 공식 사죄와 법적 배상을 요구하는 시위를 매주 수요일 서울주재 일본대사관 앞에서 시작했다. 수요시위가 천회를 맞이했던 2011년 12월 14일 일본대사관 앞에 평화비(위안부 소녀상)가 설치되었는데, 이후 소녀상 철거문제는 양국 간의 커다란 쟁점으로 부상하게 되었다.

소녀상 설치 직후인 12월 18일 교토에서 열린 한일 정상회담에서 노다 요시히코 총리가 소녀상의 조속한 철거를 요구하자 이명박 대통령은 일본군 '위안부' 문제 해결을 위해 일본이 성의 있는 조치를 취하지 않으면 제2, 제3의 소녀상이 설치될 것이라면서 정치적 결단을 요구했다. 한국 대통령이 정상회담에서 위안부 문제를 정면으로 제기한 것은 처음이었지만, 정상회담은 아무런 성과를 내지 못하고 끝났다.

2. 위안부 합의 경위와 한일의 동상이몽

2012년은 한일 양국에서 정치적 리더십이 바뀌는 해였다. 특히,

2012년 9월의 자민당 총재 선거에 입후보한 아베 신조가 고노 담화의 수정 가능성을 내비치면서 파란이 예상되었다. 2012년 12월의 대통령 선거에서 박근혜 후보가 당선되어 첫 여성 대통령이 탄생했지만, 한일 관계가 순조롭게 출발했던 것은 아니었다. 2013년 2월 25일 대통령 취임식에 일본 정부 대표로 참석했던 아소 다로 부총리는 한일 간의 우호관계 구축을 위해 과거 역사를 직시하고 상처 치유를 위해 서로 노력하자는 박 대통령에게 찬물을 끼얹었다. 총리 경험자이기는 했지만 아소 부총리 가문과 한국은 역사적인 악연이 있다. 일제 강점기 다수의 조선인을 끌어다 강제노동을 시켰던 아소 탄광은 그의 할아버지 소유였으며, 그 자신 2003년 도쿄대학 축제 강연회에서 창씨개명은 조선인들이 원해서 했다고 말해 물의를 일으킨 적도 있다.

미국 남북전쟁을 예로 들면서 같은 국가나 민족이라도 역사인식이 일치하지 않는다고 훈계하면서 그런 차이를 전제로 한일 간의 역사인식을 논해야 한다는 아소의 말은 박근혜 대통령의 심기를 불편하게 만들었다. 같은 시기 오바마 대통령과의 정상회담을 위해 미국을 방문했던 아베 총리는 강연에서 박 대통령의 아버지 박정희와 자신의 외조부 기시 노부스케가 친했다면서 친근감을 표시했지만, 오히려 박근혜 대통령의 대일 경계심을 부추기기만 했다.

2013년 3·1절 기념사에서 박근혜 대통령은 천년이 흘러도 가해자와 피해자의 입장은 바뀌지 않는다면서 일본은 역사를 직시하고 책임지는 자세를 가져야 한다고 강조했다. 박 대통령은 5월 초의 미국

방문 때 일본의 역사인식에 대한 파상공세를 폈다. 박 대통령은 5월 7일 오바마 대통령과의 정상회담에서 동북아시아 평화를 위해서는 일본이 올바른 역사인식을 가져야 한다고 말했으며, 이튿날의 미국 연방 상·하원 합동회의 연설에서는 "역사에 눈을 감는 자는 미래를 보지 못한다"고 일본을 강하게 비판했다.

사실 아베 정권을 보는 미국 측 시각도 곱지 않았다. 박 대통령의 방미 직전인 5월 1일자 보고서에서 미 의회조사국(CRS)은 아베는 '강경한 내셔널리스트(strong nationalist)'로 일본군 '위안부', 역사 교과서, 야스쿠니신사 참배 등 과거 역사를 둘러싼 아베 정권의 언동이 미국의 이익을 해칠 수 있다는 강한 우려를 표명한 바 있다. 그래서였는지 2월의 아베 방미 때에는 의회연설은 물론 공동기자회견도 없었으며, 회담시간도 식사시간을 포함에 두 시간도 채 되지 않았다.

한편 일본군 '위안부' 문제와 관련해 한국 정부는 국제사회에서 직접적인 언급을 피해 왔지만, 2014년 3월 5일 윤병세 외교장관은 제25차 유엔 인권이사회 기조연설에서 처음으로 일본군 '위안부'를 직접 언급했다. 윤 장관은 고노 담화 수정 움직임을 비판하면서 보편적 인권문제이자 살아있는 문제인 일본군 '위안부' 문제의 조속한 해결을 촉구했던 것이다. 위안부 문제로 인해 한일 정상회담조차 열리지 못하는 기인한 현상이 계속되자 대북정책을 둘러싸고 한미일 세 나라의 정책 공조에 차질이 빚어질 것을 우려한 미국이 중재에 나서 2014년 3월 26일 헤이그 핵안보 정상회의에서 오바마를 사이에 두고 박 대통령과 아베 총리의 어색한 만남이 성사되었을 뿐이다.

미국은 4월 말에서 5월 초 일본의 황금연휴 동안 워싱턴을 방문했던 일본 정부 관계자에게 일본의 역사인식에 대한 우려를 전달했다. 4월 16일 일본군 '위안부' 문제를 협의하는 한일 외교당국의 국장급 회담이 처음 열렸지만, 아베 총리의 돌출언행은 계속됐다. 4월 22일 참의원에서 아베 총리는 침략전쟁과 식민지 지배를 사죄했던 무라야마 담화(1995년 8월 15일)를 아베 내각이 계승하고 있는 것은 아니라고 말한 데 이어 23일에는 '침략'의 정의는 "학계에서도 국제적으로도 정해지지 않았다"면서 아시아태평양전쟁을 침략으로 인정할 수 없다는 인식을 내비쳤다.

그러자 한국 방문 중이던 오바마 대통령은 4월 25일 일본군 '위안부'는 "끔찍하고 지독한 인권침해(a terrible, egregious violation of human rights)"였으며 "아베 총리와 일본 국민은 과거에 대해 보다 솔직하고 공정하게 이해되어야 한다는 점을 인식"해야 한다면서 "과거로 인한 심적 공통과 상처를 해결할 수 있는 방법을 찾아야 한다"고 일본을 압박했다.

일본군 '위안부'의 존재 자체를 부정했던 아베는 2012년 9월의 자민당 총재 선거에서 고노 담화와 무라야마 담화의 수정 가능성을 내비쳤지만, 국제사회의 여론은 아베의 역사인식에 매우 비판적이었다. 결국 일본 정부는 중의원에 제출한 고노 담화 검증결과 보고서(2014년 6월 20일)에서 고노 담화 계승 의사를 밝히지 않을 수 없었다. 우리 외교부는 깊은 유감을 표명하면서 아베 정부의 진정성을 보여주기 위해서는 철저하게 진상을 규명하고 고노 담화의 미진한 부분을 보완하라고 주문했다.

한일 간 국장급 회담이 서울과 도쿄를 오가면서 계속되는 가운데 2015년 11월 2일 서울에서 열린 한중일 정상회담을 계기로 첫 번째 한일 양자 정상회담이 열렸다. 그러나 98분간의 회담에서 한일 관계의 최대 장애물인 위안부 문제는 '피해자가 받아들일 수 있고 한국 국민이 납득할 수 있는 수준에서 해결'돼야 한다는 박 대통령과 한국 측이 요구해 온 법적 책임은 1965년의 청구권협정으로 이미 해결되었다는 아베 총리 사이의 입장 차이는 좁혀지지 않았다. 회담 후 '조기타결을 위한 협의 가속화'라는 합의내용이 발표되었을 뿐이라 두 달도 지나지 않은 12월 28일 한일 외교장관회담에서의 전격적인 타결은 모두를 놀라게 하기에 충분했다.

박근혜 대통령은 취임 이후 매우 강경한 태도를 취해 왔을 뿐만 아니라 '한국 국민이 납득할 수 있는 수준'을 일본 측이 수용할 가능성이 없었기 때문이다. 한국의 한 방송이 보도한 대로 미국 국무부가 양측 외교장관이 구두로 발표한 합의내용의 문안에까지 관여를 했는지는 알 수 없지만(SBS '그것이 알고 싶다', 2017년 2월 25일 방송), 대통령과 총리의 결단 없이는 합의 자체가 불가능했다.

합의에 대한 양국 언론의 반응은 대조적이었다. 12월 29일치『한겨레』사설은 "위안부 문제, '법적 책임'없는 '최종 해결'은 없다"면서 이제 출발점에 섰을 뿐이라며 재협상하라고 가장 비판적이었다. 한국에서는 긍정적인 평가보다는 우려와 비판의 논조가 강했다. 동아일보 사설도 합의 후 일본의 총리나 각료, 정치인들이 협상 타결의 정신을 훼손하고 위안부 피해자들의 상처를 덧내는 발언으로 어렵게 일궈낸 합의를 손상시키는 일이 없어야 한다고 경고했다.

　일본의 경우, 극우성향의 『산케이신문』은 12월 29일치 사설에서 일본 정부는 근거도 없이 일본군의 관여를 인정했다고 비판하면서 고노 담화도 수정해야 한다고 주장했다. 『요미우리신문』도 "한국은 '불가역적 해결'을 지켜라, 소녀상의 철거도 중요한 시금석이다"는 제목의 사설을 통해 한국 정부의 합의 이행 의지를 문제 삼았다. 반면, 이 두 신문보다 리버럴한 『아사히신문』과 『마이니치신문』은 "역사를 넘어 일한의 전진을", "일한의 합의를 환영한다"는 제목의 사설에서 환영과 기대감을 표시했다. 2016년 1-2월에 실시된 여론조사를 보면 놀랍게도 '평가하지 않는다'는 대답의 두 배가 넘는 약 60%의 일본 국민이 합의를 '평가한다'고 대답했다.

	요미우리신문 (2016. 1. 11)	마이니치신문 (2016. 2. 1)	아사히신문 (2016. 1. 19)
평가한다(%)	49	65	63
평가하지 않는다(%)	36	25	19

　한국에서는 반대였다. 2016년 1월 8일 한국갤럽이 조사한 바에 따르면, 합의를 '평가한다'는 26%에 그쳐 두 배가 넘는 54%가 합의에 부정적인 것으로 나타났다. 여기에는 다음 네 가지 오해가 큰 영향을 미쳤을 것이다.

　첫째, 주한 일본대사관 앞에 세워진 소녀상의 이전에 한국 정부가 동의했다.

둘째, 위안부 피해자 지원을 위해 한국 정부가 설립하는 재단에 일본 정부가 10억 엔의 자금을 거출하는 것은 소녀상의 이전이 전제다.

셋째, 일본 정부가 재단에 10억 엔을 거출하면 위안부 문제는 '최종적 및 불가역적으로' 해결된 것으로 본다는 점에 우리 정부가 동의했다.

넷째, 합의 이후 한국 정부는 국제사회에서 위안부 문제를 더 이상 언급하지 않기로 했다.

합의를 전후하여 확인되지 않은 말들이 일본 언론을 통해 한국 국내에 전달되면서 한국 정부는 여론의 뭇매를 맞았다. 그러나 우리 정부는 소녀상 이전에 관해 '관련 단체와의 협의 등을 통해 적절히 해결되도록 노력'하기로 합의했을 뿐이며, 위안부 문제가 '최종적 및 불가역적으로' 해결되기 위해서는 일본 정부가 표명한 조치를 착실히 실시한다는 것이 전제조건이었다.

구체적으로 일본 정부는 위안부 피해자 지원을 목적으로 한국 정부가 설립하는 재단에 일본 정부 예산으로 10억 엔을 일괄 거출하고, 양국 정부가 협력하여 모든 위안부 피해자들의 명예와 존엄의 회복 및 마음의 상처 치유를 위한 사업을 하도록 되어 있었다. 재단은 한국 정부 주도로 설립되지만 어떤 사업을 해갈 것인지는 양국 정부가 협의해 결정해야 하는 것이다.

또한 양국이 합의한 것은 국제사회에서 소모적인 상호 비난과 비판을 하지 말자는 것뿐이었다. 일본이 최종적 및 불가역적으로 해결될 것임을 확인하려고 한 것은 지원단체의 반대로 한국 정부가 합의를 이행하지 않을지 모른다는 우려 때문이지만, 『동아일보』 사설에 언급되어 있듯이 위안부의 강제성을 인정하고 사죄한 고노 담화를 비롯하여 지금까지 일본 정부가 표명해 온 입장에 반하는 말과 행동을 하지 않는 것도 매우 중요하다.

위안부 합의의 핵심은 두 가지로 요약할 수 있다. 하나는 일본 정부가 일본군의 관여를 인정하고 '책임을 통감'해 아베 총리가 내각총리대신으로서 사죄와 반성을 표명했다는 점이다. '법적 책임'을 중시하는 한국 측과 '도의적인 책임'을 고집해 온 일본 측의 입장 차이를 좁히지 못해 고안된 고육책이었다. 다른 하나는 '아시아여성기금'과 달리 이번 합의에 따라 만들어지는 재단이 한일 양국 정부의 공동 책임 하에 위안부 피해자의 명예와 존엄의 회복과 치유를 위한 사업을 실시한다는 점이다.

3. 한국 신정부의 과제—재협상이냐 합의 보완이냐

정치적 타결이었던 만큼 위안부 합의를 둘러싸고는 한일 간에 온도차가 있었다. 특히, 시간이 흐르면서 일본 국내에서는 위안부 문제에 대한 관심이 약해져갔으며, 일본 정부의 자금 거출과 소녀상 이전, 위안부 문제의 최종적 및 불가역적 해결이라는 단어들만 부각되기 시작했다. 그래서인지 한국 내에서는 10억 엔의 자금 거출을 조건으로 소녀상의 이전에 한국 정부가 동의하는 이면합의가 있었던 것은 아닌가 하는 의혹이 제기되어 정부를 곤혹스럽게 만들었다.

2016년 12월 30일 부산의 대학생과 시민들이 일본 총영사관 앞에 평화의 소녀상을 세우자 일본 정부는 강하게 반발했다. 일본 정부는 부산 소녀상이 영사관계에 관한 비엔나협약의 조항을 침해하는 것이라고 주장했으며, 2017년 1월 6일 나가미네 야스마사 주한 일본대사를 일시 귀국시키고 교섭 중이던 통화스와프협상을 중단시키는 초강수를 뒀다. 일본 정부나 일부 국민들이 자국 공관 앞에 세워진 소녀상에 불편한 감정을 갖는 것은 이해가 되지만, 소녀상이 '영사기관의 평온에 대한 교란 또는 그 위엄의 손상(disturbance of the peace of the consular post or impairment of its dignity)'을 입히는 것이라고는 생각하지 않는다.

2017년 1월 23일 중의원 본회의에서 아베 총리는 10억 엔의 거출이 일본 측 의무의 전부인 양 말하면서 합의의 성실한 이행을 한국 측에 요구해갈 것이라고 말했다. 일본 정부나 국민 가운데 일본 정부가 약속한 10억 엔을 재단에 거출하는 것으로 일본 측 역할이 끝났다고 생각한다면 그것이야말로 '합의정신'에 역행하는 것이다. 나아가 일본 측이 10억 엔의 거출과 소녀상의 이전을 직접 연계시킨다면 그것은 위안부 합의를 왜곡시키는 것이며, 한국 국민과 국제사회는 그런 일본 정부의 진의를 의심하게 될 것이란 점을 일본 측은 잊어서는 안 된다.

한일 합의에 따라 2016년 7월 28일 설립된 화해·치유재단이 일본 정부가 거출한 10억 엔을 가지고 2015년 12월 28일 합의 당시의 생존 피해자와 사망 피해자 유족에게 각각 1억 원과 2천만 원을 지급하는 사업을 실시하고 있다. 2017년 3월말 현재 생존 피해자 46명 가운데 34명이 신청하여 32명에 대한 현금지급이 결정되어 거의 완료단계에 있지만, 위안부 합의는 지금 좌초 위기에 직면해 있다.

일본 정부가 법적 책임을 인정하고 공식적인 사죄와 배상을 해야 한다고 주장해 온 일부 위안부 피해자와 지원단체들은 합의 무효와 10억 엔 반환, 나아가 재단의 해산까지 주장하고 있기 때문이다. 또한 2017년 3월 10일 헌법재판소의 대통령 탄핵 결정으로 12월 예정의 대통령 선거가 5월로 앞당겨 실시될 예정이다. 여야 대통령 후보 모두가 합의 폐기와 무효, 재협상을 요구하고 있지만, 일본 정부는 이미 재협상 불가 방침을 천명하고 있어 한국의 신정부와 갈등을 빚을 가능성이 농후해지고 있다.

합의 이후 한국 정부는 12·28 합의는 한국 정부가 할 수 있는 최선이었으며 과거 어느 정부도 해결하지 못한 외교적 성과처럼 자화자찬했지만, 합의에는 적지 않은 문제가 있었을 뿐만 아니라 합의 당초부터 많은 비판이 제기되었던 것도 사실이다.

외교부는 일본군 '위안부'의 존재 자체를 부정해 왔던 아베 총리가 취임 이후 처음으로 사죄를 표명했다고 높이 평가했지만, 외상을 통한 대리 사죄일 뿐 아베 총리는 한 번도 사죄의 뜻을 직접 밝힌 적이 없다. 한국에서만이 아니라 일본 국내에서 총리가 구두 또는 문서로 직접 사죄의 뜻을 밝혀야 한다는 주장이 있었지만, 아베 총리는 2016년 10월 3일 중의원 예산위원회에서 "털끝만큼도 생각하고 있지 않다"고 가능성을 부정해 우리 국민의 공분을 샀다.

12·28 합의로 무엇이 해결되었는가 하는 점에서도 한일 양측의 입장차는 크다. 양국 간의 모든 청구권 문제가 1965년의 청구권협정으로 '완전히 그리고 최종적으로' 해결됐다는 점에서 일본 정부의 견해는 종전과 변함이 없다. 2016년 4월부터 2015년 12월까지 12차례 개최되었던 한일 외교당국의 국장급 회담이 청구권협정 제3조에 따른 해석상의 분쟁 해결을 위한 회담인지도 양국 정부는 분명하게 밝히지 않고 있다. 또한 우리 외교부는 12·28 합의로 타결된 것은 '한일 양자 간 외교 현안으로서의 위안부 문제'일 뿐이라는 입장이라 앞으로 이 문제가 더 이상 거론되지 않을 것으로 기대하는 일본 측과의 괴리는 여전히 크다.

무엇보다 정부 간 합의에도 불구하고 합의 반대 의견이 한국 국내에 강하다는 점이다. 특히, 위안부 문제를 국내외에 널리 알리고 일본 정부의 책임을 묻는 데 중추적인 역할을 해온 한국정신대문제대책협의회(정대협)를 비롯한 관련단체들은 위안부 합의를 피해자의 바람을 외면한 외교담합이라고 비판하면서 2014년 아시아연대회의에서 채택한 제언에 따르라고 요구하고 있다.

아시아연대회의 제언의 골자는 두 가지다. 하나는 '위안부' 제도가 당시 국내법과 국제법에 저촉되는 중대한 인권침해였으며, 일본 정부와 군이 위안소를 설치·관리·통제하고 본인의 의사에 반해 위안부가 되고 강제적인 상황에 놓여 있었다는 사실과 책임을 인정하라는 것이다. 다른 하나는 이에 입각하여 번복할 수 없는 명확하고 공식적인 방식으로 사죄하고 사죄의 증거로 피해자에게 배상하고, 나아가 자료조사와 공개를 통한 진상규명과 재발방지 조치를 취하라는 것이다.

일본 정부와 군이 '국가차원에서 조직적으로' 위안부 제도를 만들었는가 하는 것이 쟁점이지만, 이를 포괄적으로 뒷받침할 수 있는 자료가 발견되지 않았다면서 일본 정부는 법적 책임을 인정하려 하지 않고 있다. 고 김학순 할머니의 고백 이후 사반세기가 지났다. 정부 간 합의 하나로 모든 위안부 문제가 '최종적 및 불가역적'으로 해결되는 것은 아니며, 부산의 일본 총영사관 앞 소녀상 건립을 계기로 재연된 위안부 갈등은 한일 간의 역사 화해가 얼마나 어려운가를 다시 한 번 일깨워주었다.

대통령 선거를 앞두고 각 당 대선 후보들이 위안부 문제의 재협상을 요구하고 있어 신정부 출범 이후의 한일 관계도 순탄하지만은 않을 것이다. 일본군 '위안부'가 본인의 의사에 반한 여성에 대한 가혹한 인권침해였다는 사실은 국제사회의 공통된 인식이지만, 우리 사회에는 일본군 '위안부' 20만 명이나 위안부=소녀라는 일종의 신화(神話)가 존재한다. 때로는 사실에 부합하지 않는 주장이 일본 내 반발과 비판을 초래하고, 그런 일본의 대응이 한국 측 비판을 불러오는 악순환의 고리가 양국관계를 더욱 어렵게 만들어 왔다고 할 수 있다.

최근 위안부 문제에 대한 일본 언론의 관심이 급격하게 식어 일종의 터부처럼 돼버린 것은 아닌가 하는 우려를 지울 수 없다. 나가미네 야스마사 주한 대사가 85일 만에 한국으로 돌아왔을 때에도 일본 언론들의 관심은 유력 대선 캠프에 대한 위안부 합의 이행 의미 설득과 소녀상 이전문제에만 집중되어 있었다. 그동안 일본 정부가 합의 이행을 위해 구체적으로 어떤 노력을 해왔으며, 부족한 것은 무엇이었는지에 대한 성찰은 찾아볼 수 없었다.

위안부 합의는 국제법상 조약이나 협정 같은 법적 구속력은 없다. 합의 타결 과정을 보면 파기에는 정치적 위험이 따르지만 불가능한 것은 아니다. 지금으로서는 재협상 요구를 일본 정부가 수용할지 알 수 없지만, 법적 책임과 배상을 중시하는 국내 여론을 만족시키면서 교섭하는 것은 신정부에게 이중부담이다. 또한 일본의 과거 역사에 대한 부채의식이 약한 전후세대가 일본 사회의 중추를 형성하면서 언제까지 사죄와 반성을 계속해야 하냐고 반발하는 '사죄 피로'현상이 일본 국내에 만연해 있다는 점도 가볍게 볼 수 없다.

5월에 출범할 신정부는 합의 파기와 재협상을 일본 측에 요구하기에 앞서 합의 과정을 면밀하게 추적해서 문제점을 찾아내고 이를 바탕으로 무엇을 일본 측에 요구할 것인지를 구체화해야 한다. 그렇지 않고 국민감정이나 정서에 휘둘려서는 재협상을 해도 더 나은 결과를 이끌어낼 수 없을 것이다. 재협상이 현실적으로 불가능하다면 일본 총리의 구두 또는 문서 형식의 사죄 요구, 일본의 책임을 부정하는 언행에 대한 강력한 경고, 역사관 건립을 통한 피해자 추모사업 실시, 일본 정부 보유 위안부관련 자료 제공 요구 등을 통해 합의를 보완해

가는 것도 좋을 것이다.

〈보론〉

이 글을 완성한 뒤 한국에서 문재인정부가 탄생했다. 취임식 다음 날인 5월 11일 문재인 대통령은 아베 총리와의 첫 전화통화에서 한일관계와 한반도 정세 전반에 대해 의견교환을 했다.

특히, 한일 양국 사이의 최대 현안인 일본군 '위안부' 합의에 대하여 문재인 대통령은 "우리 국민들 대다수가 정서적으로 수용하지 못하고 있는 것이 현실"이라면서 과거사 문제와 관련해 일본의 지도자들이 고노 담화, 무라야마 담화, 김대중-오부치 공동성명의 내용과 정신을 계승하고 존중하는 자세가 필요하다고 강조했다. 아베 총리는 위안부 합의는 미래지향적인 한일 관계 구축을 위한 기반이라면서 착실히 이행해 나가길 기대한다는 기존 입장을 피력하는 데 그쳤다.

지면 관계상 상세한 논의는 다음 기회로 미루지만, 한 가지만 지적해두고 싶다.

2017년 5월 12일(현지시간) 유엔 인권최고기구(UNOHCHR) 산하 고문방지위원회(CAT)는 한국 정부가 제출한 정기보고서에 대한 총괄 의견에서 피해자 보상과 명예회복, 진실규명과 재발 방지 대책 등의 측면에서 한일 위안부 합의가 충분하지 않다면서 합의의 수정을 권고했다. 그러자 일본 정부는 이 위원회의 권고는 잘못된 정보에 근거한 것이며 국제사회에서 높이 평가받고 있는 위안부 합의를 이행하는 것이 중요하다는 반론문을 제출했다.

사실 이 위원회는 4년 전인 2013년 5월 일본 정부 제출 정기 보고서에 대한 총괄 의견에서 일본군 '위안부' 문제에 대해 "정부나 공인에 의한 사실 부정, 위안부 피해자에게 상처를 입히려는 시도에 대해 반론하도록" 권고했지만, 일본 정부는 "체약국이 따를 의무가 있는 것은 아니"라고 무시하는 답변서를 각의에서 결정한 바 있다.

2016년 3월 10일 유엔 여성차별철폐위원회(CEDAW)도 일본 정부가 제출한 정기보고서에 대한 총괄 의견(CEDAW/C/JPN/CO/7-8)에서 유엔 산하 다양한 인권 메커니즘의 권고를 이행하지 않는 일본 정부에 유감을 표하면서 일본군 '위안부' 문제와 관련해 지도자들과 공인들이 일본의 책임을 폄하하지 않을 것, 보상이나 배상 및 공식적 사죄 등을 통한 구제, 역사 교과서에의 기술, 피해자 입장을 존중하면서 2015년 한일 합의의 이행 등을 권고했었다.

2015년 12월의 위안부 합의가 피해자의 명예회복과 보상, 진실규명 등의 측면에서 보완할 필요가 있다는 것이 유엔 인권 메커니즘의 공통된 견해라고 할 수 있다. 1957년 9월 일본 외무성이 『외교청서』를 처음 발간한 이후 유엔 중심주의는 일본 외교의 3대 원칙 중 하나였다. 한일 위안부 합의에 대해 국제사회가 높이 평가하고 있다고 주장하는 일본 정부가 정작 유엔의 다양한 인권 메커니즘의 의견을 무시하거나 경시하는 것은 국제사회의 책임 있는 성원으로서 취할 바람직한 태도는 아니다.

유엔 사무총장 정책특보를 역임했던 강경화 외교부 장관은 일본군 '위안부' 피해자 할머니와 지원단체, 나눔의 집만이 아니라 여성·역사학 분야 연구자 모임인 일본군위안부연구회와 위안부 합의에 반대하는 시민단체가 설립한 '정의기억재단'의 전폭적인 지지를 받고 취임했다. 이들의 지지가 약이 될지 독이 될지는 더 지켜봐야겠지만, 한국 최초의 여성 외교부 장관으로서 국민의 61%가 재협상 요구에 응해서는 안 된다고 생각하는 일본(『요미우리신문』, 2017년 5월 15일자)을 상대로 외교적 수완을 발휘하여 우리 국민이 '정서적으로' 받아들일 수 있는 내용의 위안부 합의를 도출해내길 기대해보고 싶다.

참고문헌

和田春樹, 『アジア女性基金と慰安婦問題-回想と検証』, 明石書店, 2016.
와다 하루키 지음, 정재정 옮김, 『일본군 위안부 문제의 해결을 위하여』, 역사공간, 2016.
김창록·양현아·이나영·조시현, 『2015 '위안부'합의 이대로는 안 된다』, 경인문화사, 2016.
윤명숙 지음, 최민숙 옮김, 『조선인 군위안부와 일본군 위안소제도』, 이학사, 2015.
요시미 요시아키 지음, 남상구 옮김, 『일본군 위안부 그 역사의 진실-일본군 위안부제도란 무엇인가』, 역사공간, 2013.

10

전쟁책임, 전후 독일은 어떻게 단죄되었는가

시바 겐스케

1. 서론

고려대학교 글로벌일본연구원의 초청을 받아 전후 독일과 일본에 대해서 이야기할 수 있는 기회를 얻게 되어 대단히 영광스럽게 생각합니다.

일본과 독일이라는 두 나라와 국민의 역사를 비교하는 것은 지금까지도 종종 있어 왔지만, 비교하는 것이 갖는 의미는 어디에 있었던 것일까요? 공통성 때문일까요, 아니면 대조가 되고 대비가 되기 때문일까요, 바로 오늘 말씀드릴 주제와도 관련이 있습니다. 갑작스럽기는 하지만 공통성을 한 가지 든다면, 그것은 이중의 뒤쳐짐(후발성), 즉 근대사에서 통일국가 또는 국민국가를 구축하는 것이 서구 특히,

---

* 이 글은 2016년 12월 2일 고려대학교 글로벌일본연구원이 개최한 워크숍에서의 발표를 바탕으로 수정하고 가필한 것임을 밝혀둡니다.

영국과 프랑스에 비해 늦었으며, 제국주의 경쟁에도 뒤늦게 뛰어들었다는 것일 것입니다.

이러한 이중의 뒤쳐짐은 또한 양국의 내셔널리즘에도 특징적인 영향을 미쳤습니다. 매우 초조한 분위기 하에서 극단적이며 래디컬한 운동에 내몰리기 쉬웠으며, 국정이나 군사외교에도 독특한 임팩트를 주었던 점은 무시할 수 없는 것처럼 생각됩니다.

저는 독일 근현대사, 특히 나치즘운동과 나치체제의 역사를 중심으로 한 독일의 정치사회를 오랫동안 연구해 왔습니다. 전쟁책임을 생각하는 것이 오늘의 테마이지만, 홀로코스트와 전후 독일 사회라는 시각에서 문제에 접근하면서 소위 과거극복의 실태를 역사적으로 살펴보고, 그것이 현재까지 일본으로 하여금 여전히 뒤쳐지게 하고 있는 과거극복이란 문제에 어떤 의미를 던져주고 있는가를 생각해보고자 합니다.

제2차 세계대전 후의 전범재판과 독일사회, 독일 국민의 홀로코스트 인식과 역사서술·해석의 변천, 독일통일이란 '대전환' 이후의 역사와 기억의 정치학이라는 세 가지 문제로 나누어 말씀드리겠습니다. 전쟁책임 문제를 생각할 경우 제2차 세계대전부터가 아니라 오히려 제1차 세계대전으로 거슬러 올라가 생각해볼 필요가 있다고 생각합니다.

독일의 경우는 제1차 세계대전에서 패배했습니다. 일본은 영국과의 동맹관계 때문에 연합국의 일원이 되어 운 좋게도 승리해 패전 독일의 전쟁책임을 추궁하는 입장에 섰습니다. 독일 국민들은 당초 전쟁에서 졌다는 것을 믿지 못했습니다. 왜냐하면 독일제국군은 국경 밖에서 싸우고 있었으며(특히 서부전선), 가끔씩 있었던 공습 이외에는 적군이 침입하는 일도 경험하지 못했기 때문입니다. 따라서 군은 전쟁패배 책임론, 즉 배후에서 허를 한 번 찔려 전쟁에 패배했다, 유대인과 좌익이 혁명이라는 혼란을 초래해서 패배했다는 등 정말 그럴듯한 전설을 전후 국민들의 의식 속에 심어주었습니다. 베르사유조약도 전쟁책임을 독일에만 뒤집어씌우고 강제한 것으로 여겨졌습니다. 소추조항이 만들어지면서 비로소 지도자 책임론이 등장했습니다. 특히, 1915년 5월 독일 잠수함에 의한 영국 여객선 루시타니아호 격침사건으로 중립국 미국 시민을 포함한 무고한 일반시민이 다수 희생되면서 이런 전쟁범죄에 대해서는 "카이저의 목을 매달아라!" "독일 황제를 잡아 처형하자!"라는 비난이 높아졌습니다. 패전 후 독일에서는 연합국이 작성한 약 900명의 전범 용의자 리스트에 따라 전범들이 인도되지 않았으며(빌헬름 2세는 혁명으로 네덜란드로 망명), 독일 측의 '자주재판' 형태로 개정된 라이프치히 국사재판소 법정에서 일부 장교와 병사들을 심판하는 데 그쳤습니다.

제2차 세계대전을 일으킨 나치 독일은 자신들이 처한 상황은 아랑곳하지 않고 침략전쟁을 계획·개시·수행했으며, 소련에서의 2천만 명을 비롯하여 제1차 세계대전을 훨씬 초월하는 방대한 수의 전쟁범죄 희생자를 초래하게 되었습니다. 특히, 소수자(minority)에 대한 전형적인 제노사이드 범죄인 '인도에 대한 죄'가 발생했으며, 히틀러가 이끄는 나치당의 반유대주의 정책에 입각한 홀로코스트 범죄는 전후 중대한 전쟁범죄 추급 대상이 되었습니다.

　나눠 드린 유인물에 나와 있는 세 개의 영상작품 가운데 첫 번째가 미국 영화 〈뉘른베르크재판(The Judgement at Nuremberg)〉입니다. 보신 분이 계신가요? 다음이 클로드 란즈만 감독이 만든 쇼아(Shoah)로 절멸수용소에서 기적적으로 살아남은 생존자에 대한 9시간 반짜리 인터뷰 영화입니다. 혹시 이 영화를 보셨습니까? 세 번째가 부르노 칸츠가 히틀러 역을 맡은 〈몰락(Der Untergang, Downfall)〉으로 1945년 4월의 베를린 시가전을 배경으로 지하요새에서의 마지막 12일간의 히틀러의 단말마(斷末魔)를 그린 영화입니다. 가장 최근의 영화를 보신 분이 많으신 것 같습니다.

　다음으로 홀로코스트에 대한 지금까지의 전형적인 역사상을 들어 보겠습니다. 대학에 들어오는 학생들에게 물어보면 대략 다음과 같습니다.

　전체주의체제인 나치 독일에서 히틀러라는 광기로 가득 찬 반유대주의적인 독재자가 '독일의 유대인'을 모두 죽이라고 명령하고, 아우슈비츠수용소에서 실행에 옮겼다고나 할까요, 어쨌든 히틀러의 의도와 의욕에 문제를 귀착시키거나 환원하는 것으로 히틀러 환원사관 내지 히틀러 중심사관이라고 요약할 수 있을 것입니다. 또한 책임론이란 측면에서 보면 일종의 지도자 책임관에 서있다고 할 수 있을 것입니다.

　이러한 견해와는 어떤 의미에서는 완전히 대조적으로 보통 사람들의 유대인 말살범죄에 대한 책임, 보통의 독일인에 의한 적극적인 전쟁범죄에의 관여를 밝히려는 시점에서 전후 50년이 지나 문제를 제기했던 베스트셀러가 골드하겐의 『보통의 독일인과 홀로코스트-히틀러의 자발적인 사형집행인』입니다. 일본에서 번역이 된 것은 독일에서 이 책이 논쟁을 일으키고 나서 10년 이상 지난 2007년이었습니다.

골드하겐의 생각 중심에는 "말살이라는 극단적인 절멸지향의 반유대주의"가 독일인들 사이에 공유되어 있었다는 것이 중요하다는 문제의식이 있었으며, 그런 반유대주의가 뿌리를 내린 시기, 나치즘과의 접점, 심정윤리성, 걸어온 궤적을 다음 네 가지로 정리할 수 있습니다.

① 히틀러가 정권을 잡기 전인 제2제국(제1차 세계대전 전의 군주제)의 독일에서 일반인들에게 이미 공유되고 있었다는 것입니다.

② 유대인에 대해 히틀러가 행했던 운동의 치명적인 선전을 독일인들은 인정하고 지지했습니다. 히틀러가 정권을 잡자 스스로가 자발적으로 지지했습니다.

③ 독일인은 (사탄이라고 믿었던) 유대인에 대한 자신들의 사고·사상신조("그 해악을 근절하는 것이 필요하다")를 믿고 실천하고 행동했습니다.

④ 이런 사상신조가 필요충분조건, 즉 홀로코스트의 동기가 되어, 말하자면 아우슈비츠로 가는 길은 일직선이었습니다.

'독일인 없이 홀로코스트 없다'는 일종의 '민족책임'론은 종전 직후 연합군에 의해 제기된 "나치즘은 독일 국민으로부터 유래한다"는 주장의 판박이라고 받아들여질 수 있는 것도 사실이었습니다.

얼핏 보면 명쾌한 것처럼 보이지만, 그렇게 단순할까요? "독일인의 반유대주의가 홀로코스트의 역사적 원인"이었다고 하는 것은 너무나도 단순한 인과관계론이라고 말하지 않을 수 없습니다.

제가 2008년에 출간한 『홀로코스트』(中央公論新社)라는 문고판에서 다음과 같이 정책의 흐름을 정리한 적이 있습니다.

반유대주의의 배경, 종교에서 '인종'론으로 → 제1차 세계대전에서의 독일의 패배, '배후에서 일격을 당했다'는 전설의 만연 → 히틀러정권의 성립과 박해 개시, 국외 '추방'의 모색 → 뉘른베르크 인종차별법, 독일 최대 포그롬 '수정의 밤' → 폴란드 침공, 게토화 → 소련 침공과 '행동부대'의 도량(跳梁) → '최종해결'로서의 절멸수용소 대량살육

최종적으로 절멸정책으로 귀착하는 과정에는 복잡하고 다양한 곡절이 있었으며, 한 마디로 말해 아우슈비츠에의 길은 꼬부랑길이었다는 점을 밝히고 있습니다. 골드하겐의 주장에 대해서 다시 한 번 언급하자면 일은 그렇게 단순명쾌하지 않았다는 것입니다.

2. 제2차 세계대전 후의 전범재판과 독일 사회

서론 부분이 좀 길어졌습니다. 본론의 첫 번째 문제로 들어갑니다. 전범재판과 전후 독일 사회를 검토하는 데 있어서 종래의 역사적 이해 방법에는 몇 가지 문제가 있다는 것이 제 생각입니다. 지금도 유럽의 전범재판이라고 하면 뉘른베르크재판밖에 떠올리지 않는 분들이 적지 않습니다만, 나눠드린 유인물에 있는 대로 네 종류의 전범재판이 있었습니다. 첫 번째가 다하우 재판입니다. 독일 현대사에 밝은 분이시라면 뮌헨 북서부 교외에 있는 다하우라는 마을에 나치 독일의 첫 번째 공식적인 강제수용소가 만들어졌다는 것을 아실 것입니다. 여기에서 1933년 3월부터 1945년 4월까지 누계 20만 명의 수인 가운데 약 8만 명의 죽었습니다. 일본계 미군 병사를 중심으로 한 미군에 의해 해방된 수용소였습니다. 뉘른베르크재판보다 먼저 다하우의 수용소 터에서 최초의 전범재판이 개정되어 여러 강제수용소의 범죄가 추급됐습니다. 오스트리아의 최대 수용소인 마우트하우젠을 포함해 '전범재판' 그 자체로서도 최대 규모의 연속재판이 열렸습니다.

두 번째는 소위 뉘른베르크재판, 국제군사재판(1945년 11월 20일 ~1946년 10월 1일)입니다. 나치체제 하의 주요 전범 용의자 22명을 단죄했던 미영소프 4개국에 의한 재판입니다. 이미 베를린의 지하요새에서 자살해 이 국제재판에는 없었던 히틀러에게 책임을 모두 전가하려고 했습니다. 세 번째는 뉘른베르크 미군사재판(뉘른베르크 계속재판, 1946년 10월 25일~1949년 4월 14일)입니다. 두 번째 국제재판에 필적하는 중요 피고인(예를 들면, 내각관방장관을 비롯한 각료)도 다수 포함되어 모두 12개의 재판이 열렸습니다. 12재판의 엘리트 피고인 185명을 기능별로 분류하면 다음과 같이 다섯 가지로 분류할 수 있습니다.

① 대학교육을 받은 사람(Akademiker, 특히 의사와 법률가)

　　　　　　　　　39명(제1호, 제3호 사건)

② 친위대(SS)·경찰간부장교　56명(제4호, 제8호, 제9호 사건)

③ 기업가·은행가　　　42명(제5호, 제6호, 제10호 사건)

④ 군 간부·장성　　　26명(제7호, 제12호 사건)

⑤ 대신(장관)·정부고관　22명(제2호, 제11호 사건)

마지막으로 결심했던 사건은 제11호 사건으로 1942년 1월 20일 반제회의(유럽 유대인의 절멸정책에 관해 국가보안본부장관 하이드리히가 주재했던 관계부처 비밀회의) 자료가 처음으로 법정에 제출되어 홀로코스트가 국가총체적으로 이뤄진 범죄였다는 것이 밝혀졌습니다.

네 번째가 각국에서 열린 전범재판입니다. 예를 들면 폴란드에서는 아우슈비츠재판이 개정되어 전 수용소장 헤스는 뉘른베르크재판에도 증인으로 출석했으며, 계속재판에서는 아우슈비츠 내에 거대한 공장을 건설해 수용소의 강제 노동력을 착취했던 IG 파르벤 재판에서도 중대 증언을 한 뒤 폴란드 측에 인도되어 사형판결을 받고 처형되었습니다.

독일연방공화국(서독)에서는 두 번째 뉘른베르크 국제군사재판 판결에 대해 여론은 비교적 호의적으로 받아들여졌지만, 세 번째인 뉘른베르크 계속재판부터 사형판결을 받은 공포의 살육부대인 '행동부대'(Einsatzgruppen, 대소련전에서 유대인 살육임무를 전담했던 친위대보안부·비밀국가경찰 중심의 부대)의 지휘관들에 대한 특별사면을 요구하는 움직임이 활발해졌습니다. 교회 지도자를 중심으로 사회 지도층들은 피고들을 '전쟁범죄인'의 낙인을 찍힌, '조국'또는 '시대'의 희생자로 부르면서 사면청원을 강화했습니다.

대독 점령군정부는 독일인의 비나치화· '재교육'을 위해 노력했습니다만, 일본이 도쿄재판의 판결을 정식으로 받아들였던 것과는 달리 독일연방공화국에서는 뉘른베르크재판의 판결이나 '인도에 대한 죄' 등의 범죄개념을 받아들이려 하지 않았습니다. '나치 폭력의 범죄'라는 형태로 전통적 형법에 입각한 독일 측의 '자주재판'도 열렸습니다. 그러나 국내 장애자를 대상으로 한 나치시대의 살육조치에 대한 재판을 포함하여 그 뒤 '자주' 재판의 수는 급감했습니다.

독일 사회에서 나치적인 요소가 제거되지 않은 실정을 잘 보여주는 사건으로 1959년 말부터 전국적으로 확산된 낙서소동을 들지 않으면 안 됩니다. 이 해의 크리스마스 날, 쾰른의 시나고그에 하켄크로이츠가 낙서된 사건을 계기로 젊은이들에 의한 유사 사건이 유대인 묘지에서 묘를 파내는 형태로 다발해 한 달 사이에 700건에 달했습니다. 1948년부터 1957년 사이에 모두 170건을 넘는 유대인 묘지 훼손사건이 점차 늘어났던 서독에서는 1959년 말부터 신생 독일의 이미지를 더욱 나쁘게 하는 이런 사태를 역시 우려하기 시작했습니다.

1960년 아데나워 정권은 공공의 평온을 해치는 형태로 증오를 선동하거나 폭력을 유발하거나 "일부 주민을 모욕하고 악의를 가지고 경멸하고 혹은 중상함으로써 타자의 인간존엄을 훼손하는 자는 3개월에서 5년 형에 처한다"는 '민중선동죄'를 도입하는 한편, 역사교육의 '수정'이 필요하다고 강조되었습니다. 또한 전후 '재(再)'교육의 비정상성을 지적하면서 '자학사관'으로부터의 탈각이라는 의미에서의 '정상화'를 특히 당시 내무대신이 제안하기도 했습니다.

이러한 역사교육정책이 전형적으로 나온 귀결 중의 하나가 함부르크대학 교수인 프리츠 피셔의 미국 강연 여행계획의 중지사건이었습니다. 제2차 세계대전에 대한 나치체제의 책임만이 아니라 제1차 세계대전에 대한 독일 지배세력의 개전 책임에 대해서도 날카롭게 비판하여 논쟁을 일으켰던 피셔 교수의 미국 강연 여행이 독일 역사학계를 지배하던 사람들의 사주 때문에 외무성도 강력하게 저지하는 쪽으로 움직였습니다. 이 사건의 상세한 내용은 프라이 교수가 참여한 독립역사위원회 발간 「독일 외무성과 '과거의 극복'」이란 보고서에서 비로소 밝혀졌을 뿐입니다.

1960년은 또한 아이히만 체포 뉴스가 전 세계 사람들을 놀라게 했던 해이기도 합니다. 전시 아우슈비츠를 비롯한 절멸수용소로 유럽 거주 유대인을 강제로 이송한 일에 결정적인 책임이 있는 친위대 중령 아이히만(국가보안본부 게슈타포 유대인문제과장)은 1960년 5월 도망 중이던 아르헨티나에서 이스라엘 정보기관 모사드가 파견한 공작원에 납치되어 극비리에 본국으로 연행되어 예루살렘의 특별법정에서 재판을 받아 1962년 1월에 처형되었습니다.

아이히만이 당시의 '국가의 행동'을 '위로부터'의 명령에 의해 수행한 것에 지나지 않고, 따라서 형사책임도 없다고 주장(국가행위론, 상사명령수행론)한 것에 대해 재판소는 "이런 종류의 범죄에는 국가만이 책임을 질 수 있다거나 그런 행위를 수행하는 에이전트(대리인)가 처벌되는 일은 앞으로 없을 것이라는 생각은 오늘날 유지하기 어렵다"고 배척했습니다. 재판소는 뉘른베르크 재판이 적용했던 국제군사재판헌장 제7조, 즉 "국가원수이든 책임 있는 정부 부처 관리이든 피고인의 공적 지위나 입장에 따라서 책임이 면제되거나 처벌이 완화되는 일은 있을 수 없다"고 거듭해서 천명했습니다.

아이히만 재판은 뉘른베르크재판의 역사적 의미를 망각하려고 했다고 말하지 않을 수 없었던 독일연방공화국에도 충격을 주었습니다. 독일 국내에서의 본격적인 자주적 전범재판이라고 할 수 있는 '아우슈비츠재판'(1963년)을 비롯한 일련의 절멸수용소재판(1964년의 트레블링카 절멸수용소재판, 1965년의 소비볼 절멸수용소재판, 1975년의 마이다네크 절멸수용소재판)의 개정을 촉구했던 커다란 계기가 되었습니다.

'과거청산 태만'의 시대*를 지배했던 (나치즘의)과거에 대한 국민적

---

* 뉘른베르크 국제군사재판 종료 직후의 독일 여론은 판결에 대한 관심이 높고 긍정적이었지만, 뉘른베르크 계속재판이 끝나갈 무렵부터 관심이 약화되어 부정적이거나 무관심한 경우가 많았습니다. 1940년대 말부터 1960년대 초반(이스라엘에서의 아이히만 재판과 프랑크푸르트에서의 아우슈비츠재판이 벌어질 때)까지 나치범죄 추궁이 매우 침체되고 과거를 되돌아보려는 태도도 미약했던 시기를 독일에서는 '과거청산 태만'이라고 표현되고 있습니다.

인 침묵의 대응을 폭로하는 분석이라 할 수 있는 알렉산더/마르가레테 미첼리히 부부의 저서 『Die Unfähigkeit zu trauern: Grundlagen kollektiven Verhaltens(애도할 줄 모른다는 것: 집단행동의 토대)』가 1960년대 후반이 되어 등장했던 것도 특징적이었습니다. 바이마르공화국에서 나치체제를 거쳐 전후 연방공화국에 이르는 보수적이며 권위주의적인 태도의 흐름을 미첼리히 부부는 다음과 같이 폭로했습니다. 즉, 제1차 세계대전 패배, 군주제 붕괴의 상황 하에서 전통적 가치와 규범을 상실한 '아버지 없는' 사회가 직면한 위기 속에서 지도자에 대한 기대와 신뢰 때문에 극한적으로 그것에 동일화·동조하는 과정을 거쳐 제2차 세계대전 패배로 인한 이상의 좌절·자기의 무가치화의 경험은 슬픔이나 애도, 회한을 거부하게 하고, 했던 것을 '비현실'화하고 과거를 없었던 것으로 하려는 심리적 방어기제가 과거와 마주보게 하지 못하는 감정을 고착시키고 희생자를 추도하는 태도를 결여하게 만들었다고 해석했습니다. 동시에 이 책은 (나치즘의) '과거'를 마주본다, 과거와 대치하면서 자신의 역사를 진지하게 본다는 의미에서의 '과거청산(Vergangenheitsbewältigung)'이라는 용어를 보급시키는데 크게 기여했습니다.

3. 독일 국민의 홀로코스트 인식과 역사 서술·해석의 변천

나치즘 체제를 히틀러 1인 독재지배로 단순하게 환원하지 않고 네

가지 권력집단(독점자본, 군부, 관료세력, 나치당)에 의한 복합지배라고 일찍부터 파악했던 것이 프란츠 노이만입니다. 노이만은 미국으로 망명한 연구자로 미국 사회과학의 융성에도 크게 기여했던 인물로 그의 대표작 『비히모스(Behemoth)』(1941~1944)는 홀로코스트에 이르는 독일의 반유대주의 문제의 중대성을 이미 전쟁 중에 예리하게 지적했습니다. 연방공화국에서 독일어로 번역되어 출판된 것은 1977년이었습니다.

미국에서 노이만의 제자인 라울 힐버그의 대작 『유럽 유대인 절멸』(1961)이 출판되어 나치체제 하의 관료제에 의한 전대미문의 살육 시스템 '개발' 기제를 예리하게 분석했습니다. 이것이 독일어로 출판된 것은 1983년으로 매우 늦었으며, 더구나 작은 출판사에서 간신히 간행되었던 것에 나타나 있듯이 홀로코스트에 대한 관심 그 자체도 좀처럼 고양되지 않았습니다.

다만 1965년에 결심을 했던 아우슈비츠재판에서 감정서로 채택된, 마르틴 브로샤트 등 네 명의 현대사연구소 소속 역사가가 쓴 『친위대국가의 해부』는 '경찰국가'(강제수용소의 관리·지배체제, 테러국가)의 여러 측면을 설득력 있게 해명하고 있습니다. 이 책에서는 나치 친위대(SS)가 프로이센 정치경찰인 비밀국가경찰(게슈타포)과 합체되어 각 주 경찰조직을 흡수하고, 개전 후 국가보안본부를 구축하여 군 이상으로 홀로코스트에 깊이 관여했던 실태가 극명하게 분석되어 있습니다. 나중에 신서판으로도 간행된 이 공간(公刊) 사료는 현대사 자료로서도 예외적으로 널리 보급되었습니다.

나치체제의 구조에 관한 해석을 둘러싸고 전체주의독재(궁극적인 결정자인 '전능'한 독재자 히틀러)에 의해 조직된 것인가, 그렇지 않으면 (국가와 일당독재 나치의 이원구조 하에서)경합하는 서브 리더들이 일종의 사회진화론에 의해 자기 권력을 획득하려고 노력했던 다두지배 하에서 히틀러는 오히려 '약한 독재자'(한스 몸젠(Hans Mommsen)의 용어)였지 않았는가 하는 문제로 집약된다는 소위 '의도파'와 '기능파'라는 두 학파가 1960년대 후반부터 존재해 논쟁을 벌여왔다는 것은 잘 알려진 사실입니다. 히틀러와 그의 나치당 측근 지도자에게 홀로코스트를 포함한 정책결정 책임을 귀착시키는 전자가 나치시대의 광범위한 정치사회 엘리트층이나 독일 국민의 책임·윤리 부재를 역으로 묻지 않는 의도하지 않은 면책효과를 귀결시키는 경향이 있었습니다. 이에 반해 후자의 경우 1939년의 침략전쟁 개시에 적극적으로 협력했을 뿐만 아니라 1933년의 히틀러 정권 장악과 관련해 권력 승계에도 나치와 공동책임을 져야 한다는 전통적 지배 엘리트(특히 군부·관료·경제계)의 중대한 역할도 등한시하지 않고 개인독재 문제가 아니라 체제 문제, 특히 자본주의와 나치즘과의 관계를 축으로 한 사회구조·사회편성의 문제로서 파악하는 파시즘론 해석의 방향성을 제시했다는 점을 여기서 다시 한 번 확인해두자 합니다.

연방공화국에서 1967~68년 당시 학생을 중심으로 한 젊은 세대들의 운동은 도대체 어디서 유래한 것인가, 또한 이 운동을 추동하고 있었던 것은 무엇인가에 대해서 역사적으로 규명하는 작업은 이제 막 시작되었다고 해도 과언이 아닙니다. 그렇지만 1940년대에 태어난 전쟁세대 밑에서 자라난 이 저항세대와 그들의 부모세대와의 사이에 상호이해를 막는 독특한 어려움이나 긴장관계가 내재해 있었다는 것은 현재 상당히 밝혀지고 있다고 말할 수 있습니다. 1950년대에 볼 수 있었던 분위기, 즉 "과거에 대해서는 말하지 않는다"는 암묵적인 양해가 있었고, 그런 분위기에서 아버지와 아들, 어머니와 딸 사이에 대화가 되지 않는 것에 대해서는 "세대 간 단절은 너무 좋지 않은 거야. 그들은 부모와 대화가 되지 않아. 부모가 나치와 깊게 관여되어 있다는 것을 알고 있는 거야."라는 한나 아렌트의 유명한 지적을 기다릴 필요도 없습니다. 60년대 후반에 들어와 젊은 세대는 조부모나 부모에게 나치시대의 행위에 대해 따져 묻게 되었으며, 전후 번영 속에 갇혀 보이지 않는 나치즘의 흔적이나 기억을 찾아내는 일을 사명이라고 느끼게 된 것입니다.

미국은 말할 나위도 없고 유럽의 다른 나라들보다 더 심한 세대 간 충돌이 연방공화국에서 제2차 세계대전, 특히 홀로코스트 경험에 유래하고 있다는 점은 강조해둘 필요가 있습니다. 문제는 '나치즘과 그 범죄와 어떻게 마주할 것인가'였습니다. 기능 엘리트가 '제3제국'에서 연방공화국으로 이어지고 있다는 정치적·도의적·도덕적인 걸림돌이 유일한 것은 아니라고는 해도 중대한 기점이 되어 세대 간의 결정적인 괴리가 노골적으로 드러났습니다. 60년대 후반이 되어 정치체제와 그 장치(문화·고등교육기관으로서의 대학도 포함)의 정당성에 대한 비판이 폭발했다는 것이 독일의 68년이었다고 말할 수 있을 것입니다. 70년대에는 테러리즘과 〈독일의 가을(Deutscher Herbst)〉*, 〈독일

자매(Die bleierne Zeit)〉**로 대표되는 억압적인 무드 속에서 학생들에 의한 반란의 물결은 종식되어 갔습니다. 이때 독일 대학에서 조금씩 융성하기 시작한 사회사 교육을 받은 역사 교사와 사회 교사가 된 대학 졸업생들이 초중등 교육에도 관여하기 시작했습니다.

바로 그때 미국의 TV 장편드라마 〈홀로코스트〉(1979년 1월 말)가 4일 밤 연속 방영되었습니다. 방영 후 현대사연구소 소장인 마르틴 브로샤트(Martin Broszat) 등의 전문가들이 출연했는데, 이것도 4일 밤 연속해서 방영되었습니다. 드라마에서는 유럽의 유대인에 대한 절멸정책을 조정했던 반제회의 모습도 방영되었으며, 연방공화국 국민에게는 유대인정책의 역사적 지식을 깊게 하는 귀중한 기회가 되었을 뿐만 아니라, 세 가족의 갈등과 비극을 중심으로 전개된 드라마를 통해 희생자·동조자·가해자의 운명이 절실한 형태로 마음속에 각인되는 첫 번째 영상체험이 되었습니다. 충격적인 것이었다고 할 수 있었으며, 그것은 국민전체의 반응에도 여실히 나타나 있습니다. 방영 전 여론조사에서는 과반수(찬성 51%, 반대 15%)가 "나치에 대한 형사책임추궁은 이제 하지 않는 것이 좋다"고 대답했던 데 비해 드라마를 본 뒤에는 찬성 35%, 반대 39%로 결과가 바뀌었습니다. 프로그램이 미친

---

* 1977년 서독 적군파에 의해 자행된 일련의 테러사건을 모티브로 한 것으로 라이너 베르너 파스빈더를 비롯한 독일의 대표적인 감독들이 공동 연출했다(역자 주).
** 이 영화는 마가레테 폰 트로타 감독이 1981년에 만든 영화로 독일 적군파 리더 자매의 실화를 배경으로 한 것이다. 1981년 베니스국제영화제 황금사자상을 수상했다(역자 주).

영향을 받아들인 연방의회도 나치범죄를 포함하여 모든 모살죄(謀殺罪, 계획적인 살인죄)에 시효를 적용하지 않는다는 법률을 가결시켰습니다. 이것은 나치즘을 둘러싼 법정책상 7번째인 '과거의 극복'을 그때까지와는 다른 방향으로 크게 방향전환을 한 것이었습니다.

1970년대 사회사의 융성, 일상사(日常史), 향토사 등 '아래로부터'의 역사 기술(記述)의 발전은 오로지 국가나 정치사회의 엘리트를 역사의 주인공으로 보는 종래의 정치사 중심의 역사 서술과는 다른 '보통사람들'의 역사를 부각시켰습니다. 이런 역사운동이 "당신이 서 있는 곳을 파헤쳐보라"는 표어로 제시되어 어린이 대상의 역사작문 콩쿠르가 시작되었습니다. 1980년부터 3년간은 '나치즘 하의 일상'이라는 테마로 응모를 받아 전국에서 13,000명이나 응모했었다고 합니다.

자신들이 살고 있는 동네나 마을에서의 나치즘 체험을 밝혀내고자 조사를 했던 학생들에게 일부에서는 "나라를 더럽히는 수치스러운 비국민"이라는 비난이 실제로 있었던 것도 사실입니다. 그렇지만, 일상생활이나 사람들과의 보다 친밀한 관계성 속에서 현대사를 다시 읽어내는 것도 무엇보다 중요한 일이었습니다. 나치체제가 실은 일부 확신적인 나치에 의해서만 운영된 것이 아니라 그것 자체로는 범죄성이 없는 시민·민중의 일상생활이 만들어내는 범죄적인 불법체제가 유지되고 있었다는 사실이 중요했던 것입니다.

4. 독일 통일, '대전환' 이후의 역사와 기억의 정치학

학생들에게 조언을 하는 형태로 자신들의 위치를 파헤치는 역사운동에 관여했던 '전쟁의 아이들'이라 불린 68년'세대는 나치즘의 범죄, 가해의 현장이 아무런 설명도 없이 사라져버리거나 예전의 강제수용소 자리나 시나고그가 주차장으로 돼버리거나 창고처럼 전혀 다른 건물이 들어서 있다는 것을 알게 되었습니다. 그들은 이런 놀라운 체험을 통해 역사의 흔적이 사라져가는 것은 이전 세대가 과거와의 대면을 등한시해 온 증거라고 생각했던 것입니다.

과거에 대한 관심이 엿보이지 않는 것에 대해서는 연방공화국 건국시기까지 거슬러 올라갈 필요가 있습니다. 1950년대 국내 강제수용소 등 옛 나치시설의 관리권한이 전승국인 연합국에서 점차 독일인의 손으로 이관되어 갔습니다. 기념의 주역이어야 할 홀로코스트의 생존자는 이스라엘의 건국과 미국의 이주제한 완화로 1950년대 초반에 대체로 독일을 떠났습니다. 1949년의 연방공화국 성립으로 연합국의 군사점령도 고등판무관에 의한 문민지배로 이행하면서 행정권이 거의 독일 측에 이양되어 갔기 때문입니다.

독일의 주권회복을 정한 1952년의 독일조약에는 나치희생자의 묘지관리가 행정부의 의무로 규정되었으며, 공적인 회상은 독일 행정부가 담당하게 되었던 것입니다. 역사적 건조물이나 사적의 관리책임은 주에 있었으며, 무엇을 기념하고 보호할 것인지 대상을 정하는 것도 자치단체가 담당하게 되어 있었습니다. 행정에 부여된 역할이란 것은 이를테면 묘지기였지만, 앞에서 언급한 대로 독일의 공공행정이 진지한 묘지기였는가도 의심스러웠다고 말하지 않을 수 없었습니다.

전형적인 예를 한 가지 들겠습니다. 북부독일의 나치강제수용소 노이엔가메도 전후 처음에는 점령 영국군에 의해 독일인 전쟁범죄인 수용소로 사용되었지만, 1948년 관리가 영국군에서 함부르크 시로 넘어가자 시는 이듬해 수용소 건물을 허물고 새로 건물을 지어 나치기의 석조건축물과 함께 20세기 말까지 형무소로 사용했습니다. 형무소란 이유로 외부의 출입을 금지했으며, 예전의 수용자나 희생자 유족들의 추도방문조차 허용되지 않는 시대가 계속되었습니다. 1965년에 이르러 비로소 기념비가 건립되었습니다만, 이것은 원래 수용소가 있던 곳에서 멀리 떨어진 곳에 만들어져 있었을 뿐만 아니라 건립 추진 주체도 노이엔가메 수용소 생존자로 구성된 국제단체였고 관리자도 함부르크 시가 아니었습니다. 과거를 묻어버리려는 시의 자세가 여실히 반영된 전후사라고 할 수 있었습니다.

이렇게 옛 수용소 자리가 용도를 바꿔 사용되고 수요가 없어지면서 과거세대의 유물은 방치되거나 건물의 노후화, 붕괴 위험성, 새로운 주택지 확보 등을 이유로 해체되어 갔습니다. 많은 곳에서 범죄현장은 물리적인 모습이 바뀌었으며, 기억은 희석되어 가지 않을 수 없었습니다.

희생자들의 '흔적 찾기'가 전후 역사연구와 교육의 사회사로 전환되는 커다란 흐름으로 이어지기 시작했다는 이야기로 다시 돌아갑니다. 자신들이 조부모나 부모 세대가 남긴 부의 유산을 극복한다는 사명감이 강했던 '68년 세대'의 강한 이니셔티브에 의해 유대인의 역사 재발견이 견인되었다는 사실에 주목할 필요가 있습니다.

1970년대 후반부터 1980년대에 들어와서는 '기억의 터' 혹은 '기억'하지 않으면 안 되는 '역사적 장소'에 표지를 남겨 가시화하고, 보존하는 운동이 많은 아마추어 향토사가들이 관여하는 형태로 시민차원으로 확대되어 갔습니다. 예를 들면, 시나고그가 있었던 장소에 플레이트를 설치해 파괴 경위를 남기거나 지방의 소규모 노동수용소의 역사가 재발견되어 무명의 수용자 묘에 묘비가 만들어져 갔습니다.

시민 차원에서 시작된 '족적 찾기'는 1980년대에 들어와 '기억의 터'를 법적 보호 대상으로 지정해 정비하고, 기념비를 세운다는 점에서 공적인 과거로 자리매김해 갔습니다. 희생자로서의 독일인상에서 가해자로서의 독일인상으로 명확한 전환이 이뤄졌는데, 기념비 건설과 기념 플레이트 설치가 급증한 것에 잘 나타나 있다고 할 수 있습니다. 대부분의 경우 1985년의 종전 40주년, 나아가 1988년의 '수정의 밤' 50주년에 맞추는 형태로 계획되었던 것입니다.

리하르트 폰 바이츠제커 전 독일 대통령은 종전 40주년 연방의회 기념연설에서 "과거에 대해 눈을 감는 자는 현재에 대해서도 맹목이 된다"는 유명한 말을 남겼습니다. 베를린자유대학의 교수 에른스트 놀테의 「가버리려 하지 않는 과거」라는 논고를 계기로 1980년대 후반 홀로코스트의 해석과 역사적 문맥을 둘러싼 '역사가 논쟁'이 전개되었습니다. 현재 1980년대가 독일의 집단기억에 있어서 '대전환'이었다는 것에 대해 많은 연구자의 견해가 일치되어 있다고 생각됩니다.

홀로코스트 기념비 건설 논의가 시작된 것은 1988년이었지만, 연방의회가 건설을 결정한 것은 10년 이상 지난 1999년이었으며, 1994년 제1회 기념비예술대회(528의 작품 응모)와 좌절, 1997년의 제2회 대회와 좌절을 거쳐 1999년에 연방의회 기념비 건설 결의(1998년까지 정부여당이었던 기독교민주·사회동맹의 경우 찬반 동수)가 간신히 통과되었습니다. 2003년 공사를 시작해 2005년 '학살된 유럽의 유대인을 위한 추도위령비'가 베를린 시내 한복판에 완성되었습니다. '아래로부터'의 시민운동에 의한 기념비 건설 제의가 기폭제가 되었으며, 연방공화국답다고 할 수 있는(과거에 대한 진지한 대응이 사회규범으로서 확립되어 가는) 맥락에서 탄생한 기념비 건설이라고도 할 수 있었습니다.

1990년 독일이 통일을 이루면서 이것은 국민통합의 한 국면으로 변화해갔습니다. 오랜 논의를 거쳐 2005년에 완성된 이 기념비가 독일민주주의의 상징인 연방의회 의사당 인접한 곳에 세워진 것에서 알 수 있듯이 여기에는 홀로코스트에 대한 독일 국가의 생각이 잘 나타나 있습니다.

1990년의 독일 통일 후, 특히 구동독 지역에서 체제 이데올로기의 붕괴와 동서독간의 경제격차에 대한 불만 때문에 네오나치 등 극우세력이 약진하고 외국인과 난민을 습격하는 폭력행위가 빈발했습니다. 호이에르스베르다나 로스토크에서 볼 수 있었던 것처럼 외국인과 난민의 집단거주주택에 대한 방화와 이를 조소하는 듯 쳐다보거나 위압적으로 나치 식 경례를 과시하는 젊은이나 네오나치의 영상은 세계인들에게 충격을 주었습니다. 통일 당시 주변국가에서 독일의 대국 내셔널리즘을 경계하는 목소리가 높았던 만큼 이러한 불온한 움직임은 통일을 시기상조라고 비판하게 했으며, 정부는 극우세력을 컨트롤하는 데 신경을 곤두세웠습니다. 나치에 저항했던 노동자의 나라라는 자기정의에 안주해 온 구동독 주민들은 홀로코스트의 과거에 대한 당사자 의식이 결여되어 있었으며, 오랜 공산주의 지배로 자신들의 아이덴티티를 민족주의에서 찾으려는 경향도 강했습니다. 과거에 대한 반성에 입각한 역사인식을 공유하지 않는 새로 편입된 국민을 어떻게 연방공화국의 민주주의 사회에 통합할 것인가 하는 과제는 아주 절실한 것이었다고 할 수 있습니다.

이렇게 해서 홀로코스트가 동서독일 공통의 과거로 자리매김하게 되었다는 점을 무시할 수 없습니다. 알라이다 아스만에 의하면, 홀로코스트가 연방공화국의 이를테면 '네거티브한 건국신화'로서 제시·표상되었던 것입니다. 통일이라는 새로운 상황에서 홀로코스트 역사는 타자에의 관용이나 마이너리티에의 배려와 같은 민주주의적 시민 육성에 매우 중요한 교육수단이 될 수 있었습니다. 역으로 나치즘은 악의 기준 축(reference axis)으로 제시되고, 네오나치즘은 과거 교훈에서 '배우지 않는' 자들로서 부정되어야 했습니다. 이러한 메시지는 미디어와 교육, 기념행사 등을 통해 반복되었습니다.

전후 50년이 되는 1995년 연방공화국 영내에 유대인 희생자 이외의 희생자들을 포함한 나치 희생자를 추도하는 크고 작은 기념비가 300개소 이상 존재했습니다. 특히, 홀로코스트 기념비 건설을 둘러싼 논의가 활발했던 배경에는 앞에서 언급한 것처럼 극우세력의 신장이라는 국내요인 이외에 1990년대 후반부터 보상 문제가 재연되어 세계적인 조류가 되었다는 대외적·국제적 요인도 간과할 수 없습니다. 강화조약 부재를 이유로 미루어두었던 강제노동문제나 유대인으로부터 강탈된 재산의 반환문제가 되살아났던 것입니다. 이러한 손해배상문제는 기본적으로는 나치국가의 후계자로서의 연방공화국의 책임이며, 개인에 관한 문제로는 인식되지 않았던 것입니다. 새로운 보상 문제에서는 나치즘과 독일 사회 전체의 공범성을 물었던 것이며, '보통의 독일인'의 책임을 되묻게 되었던 것입니다.

이런 상황에서 21세기를 목전에 두고 독일 정부·기업과 집단소송 원고 측이 화해에 합의했으며, 2000년에 독일 정부와 기업이 100억 마르크를 거출하여 보상재단 '기억·책임·미래'가 설립되었다는 것은 세계적으로 잘 알려져 있습니다. 원래 민간기업의 출자와 기부만으로 기금을 만들려고 했었기 때문에 강제노동을 이용·착취했던 기업만이 아니라 나치즘과 전혀 관계가 없는 전후 생긴 기업에도 기금에의 참여를 제안했었습니다. 이것은 가해자의 자손인 국민 한 사람 한 사람이 과거를 계승하자는 의도에서였습니다. 5천 개의 기업이 참가하면서도 실제로는 자금 모금에 어려움이 생겨, 결국에는 정부가 절반인 50억 마르크를 내게 되었던 것입니다. 그렇지만 20세기에 발생했던 문제는 20세기 중에 해결한다는 구호 하에 보상 문제의 '최종해결'을 향해 관민이 일체가 되었던 경험은 기억문화를 지배적인 풍조로 만드는 순풍의 역할을 했다고 할 수 있습니다.

5. 결론

마지막으로 전쟁범죄 책임문제에 대한 독일과 일본의 대응에 대해 확인해두고자 합니다. '독일민족의 이름하에' 이뤄진 '나치범죄'에 대해서 내려진 연합국의 뉘른베르크재판의 법리도 판결도 나아가 복역 중인 피고인도 연방공화국은 받아들이지 않았습니다. 일본은 독립을 보장했던 샌프란시스코 강화조약을 통해 도쿄재판의 판결도 B·C급 전범 피고인의 관리도 연합국 대신 받아들였다는 점에서 정반대였다고 할 수 있습니다.

그 뒤 전자가 나치범죄에 관한 시효를 폐지하고 현재에 이르기까지 전범 추궁을 계속하고 있는 데 비해서 후자는 강화조약을 통해 예전의 식민지 인민의 일본 국적을 박탈하고 천황 내지 '대일본제국'의 이름하에 식민지 인민을 전쟁에 동원했었으면서도 전후에는 전범으로 처벌된 동원 희생자의 처벌관리를 받아들이면서도 보상은 거부하는 형태로 지금까지 여러 화근을 남기고 있습니다. 연합군이 도쿄재판을 시작하기 전에 일본 정부는 추궁을 피하고자 아주 소규모의 '자주재판'을 했으며, 여기서 일부 장군의 명예를 박탈하는 것으로 일을 마무리하려고 했다는 것은 일본현대사 전문가들이 지금까지 지적한 대로입니다. 일반인들에게는 아직 거의 알려져 있지 않습니다.

어쨌든 결국 도쿄재판의 판결을 전면적으로 받아들인 후 일본의 역대 정부에서 여당이었던 자민당이 '도쿄재판사관'은 '자학사관'이라고 전범재판의 귀결 수용을 실질적으로 계속 거부해 왔다는 점은 『쥐트도이체 차이퉁(Süddeutsche Zeitung)』이라는 남부독일 신문의 도쿄특파원을 오랫동안 역임했던 게브하르트 힐셔(Gebhard Hielscher)의 호흡이 긴 보도기사를 통해 독일인도 잘 알고 있다고 생각합니다.

홀로코스트라는 어두운 과거와 어떻게 마주할 것인가 하는 문제에 직면한 전후 독일연방공화국의 정치문화적 결절점이 어디에 있었는가 하는 문제에 대해 정리해보면 다음과 같이 몇 번의 전환점이 있었다는 것을 이해하실 수 있을 것입니다.

뉘른베르크재판, 특히 뉘른베르크 후속재판은 당시 많은 독일인들에게 거부당했으며, 또한 일단 잊혀져버렸습니다. 그것이 강제된 것이었다고 해도 존재했었던 사실이야말로 그 후 독일에서의 '자주재판'을 개정하게 만든 중대한 경험 또는 요소였으며, 현재에 이르고 있다고 말할 수 있습니다. 사법이나 교육을 비롯한 다양한 정치사회 분야의 자발적인 '과거의 극복'을 이끌어낸 요인으로 68년 세대'의 사회적 역할의 중요성을 지적하지 않을 수 없습니다. 전후 세대의 경우 선과 악의 도덕적 판단 내지 도의적 기준이 보다 엄격하다는 것은 부인할 수 없으며, 그 엄격함은 과거사에 뚜껑을 덮어 온 장본인으로 간주되는 조부모나 부모세대에 대한 폭력적인 공격조차 발생하였습니다.

이러한 세대가 주류가 됨으로써 과거의 해석이 규범화됐다는 점도 지적해두지 않으면 안 됩니다. 독선적인 경향이라고는 말할 수 없어도 독일의 기억문화가 성립하는 데 기여한 68년 세대의 공헌은 정말로 크다고 할 수 있습니다. 통일 후 새로운 연방공화국의 수도 베를린의 중심부에 건설된 홀로코스트 기념비 건설은 나치즘이 남긴 부의 유산을 둘러싸고 불가피하게 발생하는 갈등·대립·논쟁을 통해 획득한 전후 독일의 정치문화의 결산, 과거 극복의 집대성으로서 오늘날 독일의 정치적·도의적·문화적 자원이 되고 있다고 말할 수 있습니다.

역사는 일국 또는 일국민의 시점에서가 아니라 트랜스내셔널한 또한 장기적인 시점에서 파악할 필요가 있다는 것은 재론할 필요가 없습니다. 기억문화가 국가화돼 갈 때는 이웃나라나 그 국민들과의 신뢰관계를 구축하는 기초로서 개인의 체험을 역사 전체 속에서 이해하는 것이 특히 필요합니다.

홀로코스트는 갑작스럽게 출현한 현상이 아니었습니다. 독일의 경우, 그 범죄성에 관심을 갖는 것만으로 끝나지 않는 문제로 홀로코스트의 전 단계에 무엇이 있었는가, 어디로 경계의 시그널이 보내졌었는가, 이른 시기였다면 훗날 벌어졌던 사태를 막기 위해 어떤 수단이 가능했었는가 하는 등 기억의 붐과 그 소비로는 해결·규명하지 못하는 과제가 많이 가로놓여 있습니다. 일본의 경우 과거와 대면하지 않는 한 과거를 극복할 수 없다는 것을 독일의 경험에서 다시 한 번 차분하고 깊게 생각하지 않으면 안 됩니다.

지금까지 경청해 주셔서 대단히 감사합니다.

(번역: 조진구)

참고문헌

ペーター・ジフロスキー, 『お父さん″戦争のときなにしていたの : ナチスの子供た
　　ち』, 二期書房, 1988.

ノルベルト・フライ, 『1968年 反乱のグローバリズム』, みすず書房, 2012.

武井彩佳, 『〈和解〉のリアルポリティクス ドイツ人とユダヤ人』, みすず書房, 2017.

芝健介, 『ホロコースト』, 中央公論新社, 2008.

芝健介, 『ニュルンベルク裁判』, 岩波書店, 2015.

박홍규 도쿄대학 법학박사(정치사상 전공), 고려대학교 정치외교학과 교수.『山崎闇齋の政治理念』(東京大學出版會, 2002), "나카에 쵸민(中江兆民)의 평화이념: 민주제·연방제·군비철폐론"(『한국정치학회보』제39집 제5호, 2005),『삼봉 정도전: 생애와 사상』(선비, 2016).

조진구 도쿄대학 법학박사(국제정치 전공), 고려대학교 글로벌일본연구원 연구교수.『20세기의 전쟁과 평화』(연암서가, 2016, 공역), "한미동맹과 미일동맹에 있어서의 '사전협의'의 의미와 실제",『국방정책연구』(통권 제113호, 2016년 가을).

김인덕 성균관대학교 문학박사, 청암대학교 교수.『재일조선인 역사교육』(아라, 2015),『재일조선인 민족교육 연구』(국학자료원, 2017).

신희석 하버드 법대 법학석사, 연세대학교 대학원 법학과 박사과정. "제1차 세계대전과 제2차 세계대전 이후의 전범재판: 평화와 인도에 반한 죄의 탄생"(『서울국제법연구』제22권 2호, 2015), "The 'Comfort Women' Reparation Movement: Between Universal Women's Human Rights and Particular Anti-Colonial Nationalism"(『*Florida Journal of International Law*』Vol. 28, 2016).

최종길 쓰쿠바대학 학술박사, 고려대학교 글로벌일본연구원 HK연구교수.『근대일본의 중정국가 구상』(경인문화사, 2009), "타이완척식주식회사 자료를 통해 본 일본군 위안소 설치와 운영"(『일본연구』제27집, 2017).

강경자 고려대학교 문학박사, 고려대학교 연구교수. "아베내각 집단적 자위권 용인논리의 비판적 고찰 :「안보법제간담회」논의를 중심으로"(『日本文化學報』제67집, 2015), "후텐마기지 문제를 둘러싼 평화운동의 규범적 고찰"(『日本研究』제38집, 2015), "동경재판이 초래한 전후 일본사회 전쟁 책임의식의 결여-A급 전범자들의 면책 문제를 중심으로"(『한일군사문화연구』제22집, 2016).

최나진 고려대학교 법학박사, 고려대학교 법학연구원 전임연구원. "징벌적 손해배상과 법정손해배상: 우리나라 민법과 양립가능성"(『경희법학』제51권 제3호, 2016), "한일 청구권 협정과 강제 동원 피해자의 손해배상청구권"(『비교사법』제24권 제2호, 2017, 공저).

유의상 광운대학교 지역학박사(일본전공), 동북아역사재단 국제표기명칭대사. 『대일외교의 명분과 실리』(역사공간, 2016), 『13년 8개월의 대일협상』(역사공간, 2016).

강효숙 지바대학 문학박사, 청암대학교 재일코리안연구소 학술연구교수. "1923년 관동지역 조선인학살 관련 향후 연구에 대한 고찰-일변협(日辯協)의 보고서를 중심으로"(『전북사학』제47호, 2015), "일본의 전쟁 인식화-동학농민전쟁·청일전쟁 시기를 중심으로"(『한일민족문제연구』제29집, 2015).

아리미쓰 켄(有光健) 와세다대학 정치경제학부 정치학과 졸업(정치학 전공), 오사카경제법과대학 아시아태평양연구센터 객원연구원, 전후보상네트워크 대표. 『戰後70年·残される課題-未解決の戦後補償Ⅱ』(創史社, 2015), 『未解決の戦後補償-問われる日本の過去と未来』(創史社, 2012), 『「慰安婦」への償いとは何か-「国民基金」を考える』(明石書店, 1996)(이상 공저).

시바 겐스케(芝健介) 도쿄대학 대학원 사회학연구과 국제관계론 박사과정 단위취득퇴학(독일근현대사전공), 도쿄여자대학 명예교수. 『ニュルンベルク裁判』(岩波書店, 2015), 『ホロコースト-ナチスによるユダヤ人大量殺戮の全貌』(中央公論新社, 2008), 『武装SS-ナチスもう一つの暴力装置』(講談社, 1995).